A CULTURA INFORMACIONAL NA DOCUMENTAÇÃO

LUANA MAIA WOIDA

Conselho Editorial

Profa. Dra. Andrea Domingues
Prof. Dr. Antônio Carlos Giuliani
Prof. Dr. Antonio Cesar Galhardi
Profa. Dra. Benedita Cássia Sant'anna
Prof. Dr. Carlos Bauer
Profa. Dra. Cristianne Famer Rocha
Prof. Dr. Eraldo Leme Batista
Prof. Dr. Fábio Régio Bento
Prof. Dr. José Ricardo Caetano Costa
Prof. Dr. Luiz Fernando Gomes
Profa. Dra. Magali Rosa de Sant'Anna
Prof. Dr. Marco Morel
Profa. Dra. Milena Fernandes Oliveira
Prof. Dr. Ricardo André Ferreira Martins
Prof. Dr. Romualdo Dias
Prof. Dr. Sérgio Nunes de Jesus
Profa. Dra. Thelma Lessa
Prof. Dr. Victor Hugo Veppo Burgardt

©2016 Luana Maia Woida
Direitos desta edição adquiridos pela Paco Editorial. Nenhuma parte desta obra pode ser apropriada e estocada em sistema de banco de dados ou processo similar, em qualquer forma ou meio, seja eletrônico, de fotocópia, gravação, etc., sem a permissão da editora e/ou autor.

W847 Woida, Luana Maia
A cultura informacional na documentação/Luana Maia Woida. Jundiaí, Paco Editorial: 2016.

232 p. Inclui bibliografia.

ISBN: 978-85-462-0582-0

1. Ciência da informação 2. Comunicação 3. Cultura informacional 4. Espanha. I. Woida, Luana Maia.

CDD: 306

Índices para catálogo sistemático:

Sociologia educacional 370.1
Cultura e instituições 306

IMPRESSO NO BRASIL
PRINTED IN BRAZIL
Foi Feito Depósito Legal

Av. Carlos Salles Block, 658
Ed. Altos do Anhangabaú, 2º Andar, Sala 21
Anhangabaú - Jundiaí-SP - 13208-100
11 4521-6315 | 2449-0740
contato@editorialpaco.com.br

Agradeço à Fundação de Amparo à Pesquisa do Estado de São Paulo – FAPESP pelo financiamento desta pesquisa na modalidade Bolsa de Pesquisa no Exterior, bem como à Universidad Carlos III de Madrid, representada pelo Departamento de Biblioteconomía y Documentación e à colaboradora externa Profa. Dra. Ana Reyes Pacios Lozano.

SUMÁRIO

Introdução   7
1. Levantamento bibliográfico   34
2. Coleta de dados   36
3. Análise dos documentos   40

Capítulo 1. A cultura informacional na ciência da informação/documentação na Espanha   43
1. Abordagens da gestão   54
2. Abordagem socioeducacional   114
3. Abordagem tecnológica-comunicacional   128

Capítulo 2. A cultura informacional no setor eletroeletrônico da Espanha   141
1. O setor eletroeletrônico espanhol   141
2. Análise da cultura informacional das empresas do setor de eletroeletrônicos da Espanha   150
   a) Contexto da cultura informacional   152
   b) Tecnologias de informação e comunicação vinculadas a valores, suporte e contexto   155
   c) Elementos da cultura informacional   158
   d) Processos da cultura informacional   169
   e) Correlações fracas e inexistentes   176
   f) Análise de *Ranking* Médio   180
3. A cultura informacional das empresas do setor eletroeletrônico da Espanha: uma síntese   196

Considerações finais   203

Referências   209

INTRODUÇÃO[1]

O olhar a respeito dos fenômenos culturais é fundamental para diversas áreas compreenderem o comportamento das pessoas, entre as quais algumas discussões centram-se sobre o comportamento em ambientes informacionais. Entre as áreas, podem ser citadas a Antropologia, a Sociologia, a Administração, a Psicologia, a Psicologia Social e a Ciência da Informação, podendo-se incluir ainda a Ciência da Computação quando esta investiga a interação humano-computador.

Considerou-se pertinente buscar atingir o objetivo do livro sem incursões detalhadas na maioria dessas áreas, pois constam em trabalhos como o de Woida (2013). No entanto, podem ser indicadas como áreas que se dedicam à cultura informacional, à Ciência da Informação, à Comunicação, à Educação e à Informática (Brigitte Juanals apud Soares Torquato, 2007, p. 56).

Nesse caso, é apropriado elucidar que tanto a cultura como o comportamento são tratados dentro do contexto organizacional das empresas. Ainda assim, é necessário explicar que as empresas são também organizações, dentro do que se defende como conceito mais geral a respeito das entidades ou instituições. Como explicam Hodge, Anthony e Gales (1996 apud Silva, 2005, p. 44), "Uma organização é definida como duas ou mais pessoas trabalhando juntas cooperativamente dentro de limites identificáveis, para alcançar um objetivo ou meta comum". As empresas são organizações, com vista nisso, o conceito de organização também se torna válido para uso nesta pesquisa.

Assim, apesar de abrir a discussão com noções mais gerais sobre cultura e comportamento, no decorrer do texto encon-

---

1. Este livro é resultado do Relatório de Atividades referentes à pesquisa realizada na Universidad Carlos III de Madrid, financiado com a Bolsa de Pesquisa – Exterior (Processo n. 2014/02095-1) da Fundação de Amparo à Pesquisa do Estado de São Paulo (Fapesp), de setembro de 2014 a maio de 2015, aprovado em 29 de janeiro de 2016. Colaborador externo: Profa. Dra. Ana Reyes Pacios Lozano.

tram-se menções, já incluídas no contexto empresarial e demais contextos, de uso do termo cultura informacional, uma vez que a intenção da discussão é desenvolver o tema na mesma linha de argumentação adotada na tese de doutorado defendida em 2013, qual seja a cultura informacional como parte do contexto competitivo empresarial.

O comportamento é considerado, no presente livro, como o resultado da soma entre a personalidade (traços inatos e caráter) e conhecimentos adquiridos que permitem a um indivíduo conseguir conviver em grupo. Para a aquisição e incorporação de conhecimentos que resultem em comportamentos, são necessários processos de socialização, primários e secundários, estes últimos considerados como defendido por Berger e Luckman (2004). No que diz respeito à socialização secundária, acredita-se que se aproxima da noção de socialização organizacional[2], pois trata do que ocorre posteriormente aos primeiros contatos culturais das pessoas na infância, e são usados frequentemente para inserir as pessoas no contexto das organizações, como também para inserção e treinamento frente a qualquer fator novo, podendo ser tecnológico, econômico e de reestruturação ou reorganização das tarefas em uma empresa.

---

2. Alguns dos trabalhos que podem ser consultados sobre o assunto "socialização organizacional" que receberam a colaboração da autora são: 1) Moraes; et al. Conhecimento e socialização organizacional: processo sociocultural para a inovação na indústria de eletroeletrônicos de Garça/SP. *Ibersid*, v. 8, p. 91-95. 2) Abreu; Moraes; Woida, Organizational socialization as a support to the construction of knowledge and innovation processes, In: *VII Research Workshop on Institutions and Organizations*. 3) Moraes; Abreu; Woida. Innovation management through knowledge and organizational socialization. *Informação e Informação*, v. 17, p. 103-132. 4) Moraes; Abreu; Woida, O processo de socialização organizacional: a inserção de usuários no contexto de acesso à informação para a competitividade. In: Centro de Estudos das Tecnologias e Ciências da Comunicação (Org.). Globalização, ciência, informação: atas – *VI Encontro Ibérico EDICIC 2013*, p. 1394-1411. 5) Moraes; Abreu; Woida. Gestão do conhecimento como apoio à melhoria contínua: um estudo de caso em uma empresa de telecomunicações. *Informação e Informação*, v. 19, p. 112.

Nesse sentido, entende-se que o comportamento:

> [...] inclui tudo que o indivíduo faz, de se coçar a escrever um romance ou jogar futebol. Ação, contudo, é um comportamento intencional baseado na ideia de como outras pessoas o interpretarão e a ele reagirão. Na interação social, percebemos outras pessoas e situações sociais e, baseando-nos nelas, elaboramos ideias sobre o que é esperado e os valores, crenças e atitudes que a ela se aplicam. Nessa base, resolvemos agir de maneira que terão os significados que queremos transmitir. (Johnson, 1997, p. 131)

Contudo, do entendimento expressado por Johnson é pertinente explicar que o comportamento é o resultado da percepção e da interação com um coletivo. O que não aparece tão evidenciado no que diz respeito ao comportamento informacional, por exemplo, Wilson (1999, p. 250) defende que o comportamento informacional:

> [...] são essas atividades que uma pessoa pode desempenhar quando identifica as próprias necessidades informacionais, procurando tal informação de alguma maneira, e usando ou transferindo essa informação. (Tradução nossa)

Bulinge (2002, p. 360) defende que tanto a cultura como a informação têm influência sobre o comportamento.

O comportamento se fundamenta em parâmetros de um grupo, especialmente sobre o que é praticado visando atender ao que é correto, podendo ser monitorado, influenciado e gerenciado. Johnson (1997) explica que a cultura é identificada como algo maior, que transcende o que um único indivíduo pensa, podendo ou não ser verificado em seu comportamento, pois nem tudo que é cultura pode ser materializado, uma vez que se trata de um conjunto de ideias.

> É importante notar que cultura não se refere ao que pessoas fazem concretamente, mas às ideias que têm em comum sobre o que fazem e os objetos materiais que usam. [...] Nossa aparência ou comportamento podem conformar-se ou desviar-se dos padrões culturais, mas aparência ou comportamento não são em si partes da cultura e não devem ser confundidos com esses padrões. O que torna uma ideia cultural, e não pessoal, não é simplesmente o fato de *ser comum a duas ou mais pessoas: ela deve ser vista e vivenciada como tendo uma autoridade que transcende* os pensamentos do indivíduo. (Johnson, 1997, p. 59, grifo nosso)

Nota-se que, para Johnson (1997), a cultura é composta por ideias que as pessoas têm em comum, mas, sobretudo, que deve ser vista como uma autoridade maior, ou seja, como algo que impõe e dirige as pessoas em sua forma de pensar e agir.

Assim, os desvios comportamentais dos padrões culturais indicam que se fundamentar apenas em comportamentos pode ser equivocado para compreender uma cultura, daí observar apenas comportamentos para compreender a cultura informacional pode não apresentar informações representativas.

No entanto, percebe-se a presença de diferenças na maneira como a relação entre comportamento e cultura é interpretada, especialmente na cultura organizacional fica evidente que tal relação é direta se verificada a partir de uma análise voltada ao grupo e não individualmente. Apesar de áreas como o Comportamento Organizacional terem como proposta compreender o comportamento em três níveis de análise: o individual, o grupal e o sistema organizacional (Robbins, 2007). Assim, para Freitas (1991, p. 82):

> O desenvolvimento e a sedimentação de uma cultura organizacional "forte e coesa" busca restaurar perdas psicológicas nos indivíduos que nela trabalham, repondo um quadro de valores, crenças e pressupostos, orientador de um comportamento coletivo conveniente aos seus objetivos.

Nesse caso, compartilha-se da opinião de Freitas, porém, buscando indicar o mesmo para a cultura informacional, que é considerar esta, orientadora do comportamento de um coletivo.

O ambiente informacional é formado pelo fluxo de informação, por uma estrutura física e tecnológica e pela estrutura organizacional[3] e estrutura informal formada pelas relações e interesses que permitem a circulação da informação provendo subsídio para a tomada de decisão. Informação é um recurso provido de sentido que pode ser registrado e compartilhado intencionalmente pelas pessoas e que, de acordo com Marteleto (2002), trata-se de algo que ganha relevância e significado a partir da cultura.

A relação entre o comportamento e o ambiente informacional desperta o interesse sobre problemas que envolvem processos de identificação de necessidades de informação, de busca e de uso de informação, sujeitos as ferramentas tecnológicas, modelos, práticas e políticas nacionais e institucionais. O comportamento, expressado em função de problemas envolvendo a informação, é denominado de comportamento informacional, associado a um contexto e a mecanismos que motivam o surgimento de lacunas de conhecimento, o que se denomina de necessidade informacional. Lembrando que a palavra necessidade advém do latim, sendo uma junção entre *nec* – ausência – somado a *esse* – ser, de acordo com Minucci (1995). Assim, o comportamento informacional é o movimento que os indivíduos realizam para suprir lacunas de informação.

A cultura, compreendida de forma ampla como um conjunto de valores, crenças, rituais, mitos, artefatos e formas de perceber e reagir aos acontecimentos que envolvem um grupo de indivíduos, afeta diretamente o comportamento, sendo parte fundamental dos valores defendidos e compartilhados em um

---

3. Este termo se refere à organização e distribuição de tarefas e cargos, visando o alcance dos objetivos de uma organização. Em geral, também é responsável por definir o direcionamento da comunicação e a centralização ou descentralização da tomada de decisão.

grupo. Nesse sentido, são as convenções tomadas como corretas e que perduram porque conseguem dar significado e representação para a organização.

Antes de iniciar uma exploração do tema no presente livro, faz-se necessário elucidar que todas as organizações possuem uma cultura específica, considerada como:

> O conjunto de pressupostos básicos que o grupo aprendeu na resolução *de problemas de adaptação externa e integração interna*, que funcionou bem o suficiente para ser considerado válido e, nesse sentido, são incorporados pelos membros como a maneira correta de perceber, pensar, e sentir em relação *àqueles problemas*. (Schein, 2004, p. 17, grifo nosso)

Destaca-se na noção expressada por Schein (2004) que o direcionamento a determinados problemas torna-os centrais para a construção, a internalização e a manutenção da cultura organizacional em função do contato com um ambiente, influenciando igualmente a valorização sobre a informação e sobre os estímulos aos comportamentos informacionais.

Garay (2000, p. 49) acentua ainda que estudar a cultura organizacional fornece subsídios para entender os processos que geram e moldam significados para a existência da organização, bem como tais processos acabam representando as relações que determinam:

> *estados* de motivação, inovação, criatividade, adesão, comunicação, possibilidades de ascensão, status, prestígio, divisões entre classes, divisão sexual e outros mais *de natureza comportamental e social*. (Grifo nosso)

O ambiente organizacional pode ser dividido em dois tipos, interno e externo, sendo que ambos acabam moldando a cultura organizacional. Assim, a cultura organizacional também é um produto das variáveis econômicas, sendo que as estruturas de mercado – as mais comuns são o oligopólio, o monopólio e a concorrência livre –, demográficas, culturais e físicas pertencentes a um país. Percepção semelhante de relação entre a cultura interna de uma empresa e o ambiente externo é defendida por Bulinge (2002, p. 345), que compreende que a cultura informacional possui relação com o ambiente externo.

A cultura organizacional apresenta traços diferentes em cada organização. E segundo Robbins (2007, p. 375), é "um sistema de valores compartilhados pelos membros que diferencia uma organização das demais". Por outro lado, alguns traços são comuns entre empresas de um mesmo país, pois incorporam certezas tácitas da cultura nacional. Essa relação foi explorada por Hofstede ao explicar que determinados modelos mentais compostos por dimensões essenciais referentes à cultura nacional acabam sendo reproduzidos na cultura organizacional.

Por sua vez, Chu e Wood Jr. (2008) discutem os traços da cultura organizacional brasileira, destacando a flexibilidade e a plasticidade como traços importantes que ajudam no hibridismo demonstrado pela internalização ou absorção de ideias advindas de outros lugares, tal como ocorre com os modelos de gestão estadunidenses. As noções do que são a cultura organizacional e a influência da cultura nacional são importantes para compreender a cultura informacional, pois esta é interna a cultura organizacional, com valores, rituais, mitos e crenças próprios sobre a relevância, utilidade e os usos atribuídos à informação em processos de compartilhamento, na identificação das necessidades informacionais, na busca por informação, nas escolhas sobre seu registro e no uso da informação.

Por ser interna a uma organização, a cultura informacional está sujeita à mesma dinâmica da cultura organizacional, porém com um enfoque mais específico. Garay (2000, p. 48) fornece uma explicação importante sobre a influência da cultura organizacional sobre os comportamentos no ambiente das empresas.

[...] certos símbolos, ritos, mitos e histórias são criados nas organizações, assim como uma série de procedimentos para legitimá-los, sejam eles implícitos ou explícitos, objetivando-se orientar os comportamentos desejados.

Os conceitos expostos até aqui fornecem pistas sobre o que compõe a cultura organizacional e como esta se relaciona com a cultura informacional. Mais do que isso, indicam que a cultura organizacional pode ser gerenciada e que orienta os comportamentos das pessoas no ambiente empresarial.

Woida (2008 apud Moraes, 2014, p. 124) explica que o termo cultura informacional começou a emergir na literatura com mais intensidade à medida que a informação e a cultura organizacional passaram a ser discutidas em conjunto com as tecnologias de informação e comunicação. Percebe-se, então, que problemas associados à informação e às tecnologias estiveram e quiçá permanecem vinculados ao comportamento das pessoas, daí a necessidade de discutir formas de induzi-las à participação, ou no mínimo, compreender os motivos de cunho cultural e social que resultam nos comportamentos que manejam a informação com a participação das tecnologias de informação. Soares Torquato (2007, p. 49) expressa a mesma percepção de que a cultura informacional se associa ao uso intenso das tecnologias de informação e comunicação, sendo que estas remodelaram a forma como conduzimos o trabalho e construímos conhecimento.

Em vários autores pode-se perceber a relação entre a cultura informacional e a cultura organizacional (Bulinge, 2002; Curry; Moore, 2003, Choo et al., 2008; Silva; Duarte, 2010; Alves; Barbosa, 2010; Alves; Duarte, 2013; Alves; Duarte, 2014; Moraes; Barbosa, 2014).

Choo et al. (2008, p. 793) usam o termo cultura da informação se referindo à cultura informacional e consideram:

[...] a cultura da informação como aqueles elementos da cultura organizacional que influenciam na gestão e no uso da informação. Assim, a cultura informacional é manifestada nos valores, normas e práticas da organização que tem um impacto em como a informação é percebida, criada e usada.

Ainda, antes de inserir considerações, definições ou demonstrações do uso do termo pela Documentação na Espanha, é necessário acrescentar que o volume de publicações vem crescendo nos últimos anos como assinala Moraes (2014, p. 123). O mesmo autor indica a existência de muitos textos que usam o termo, porém que não o definem. Dessa forma, Moraes e Barbosa (2014, p. 125) defendem a cultura informacional como:

> o conjunto de padrões de comportamentos, normas e valores socialmente compartilhados que definem o significado e o uso da informação, da comunicação e da TI, influenciando sua gestão.

Sendo que tal definição foi obtida da unificação de três trabalhos: Travica (2005), Choo et al. (2006, 2008) e Woida (2008).

Atuar nas organizações exige a incorporação das certezas compartilhadas, na medida em que se expõe aos valores e crenças por meio de rituais, da socialização e a da comunicação organizacional.[4] A socialização organizacional significa o processo de inserção de uma pessoa em um contexto, podendo ser formal ou informal, fundamentado em treinamentos ou não.

A cultura informacional é o padrão consensual e compartilhado sobre os valores, crenças, rituais, mitos, práticas e estratégias, tomado como correto e representativo que norteia como um grupo interage e atua sobre a informação, seja em sua produção, busca, registro ou uso. Geralmente está vinculado à presença de tecnologias de informação, influindo nos comportamentos de busca e de

---

4. Processo não linear em que existe a participação de indivíduos, ora como emissores, ora como receptores, codificando e decodificando mensagens que percorrem um canal e que podem sobre ruídos em seu percurso.

uso da informação necessários em diferentes ambientes e organizações, como sugerem Curry e Moore (2003) e Choo et al. (2008).

Ademais do uso da informação, a cultura informacional também tem influência na gestão da informação e gestão do conhecimento por meio de valores, normas, práticas, rituais, mitos e estratégias. Assim, cria ou modifica a forma como as pessoas percebem, buscam e usam a informação (Choo et al., 2008, p. 793).

Sabe-se que as informações devem atender às necessidades das empresas e correspondem ao que a cultura valoriza (Ginman, 1988, p. 105). Isso significa que a cultura informacional representa o contexto sociocultural para o trato de informações consideradas relevantes ao desenvolvimento organizacional.

Davenport e Prusak (1998, p. 135) explicam que o comportamento informacional vincula-se à cultura informacional e propõe ser necessário gerenciá-lo por meio do ato de: comunicar que a informação tem valor; acrescer o que se espera do comportamento informacional à estrutura organizacional; criar uma comissão encarregada do comportamento informacional; instruir sobre o comportamento informacional, entre outros. Ponjuán Dante (2007, p. 39) incorpora ao contexto da cultura informacional a necessidade de liderança capaz de estimular comportamentos informacionais.

Na produção da área encontram-se textos que abordam cultura e comportamento associando-os à informação. Dependendo da forma como o tema é tratado, o termo acaba ganhando variações. Le Deuff (2009) explica que em francês o termo é conhecido como *Maîtrise de l'information*; no idioma inglês, recebe a denominação de *Information Literacy*; já em espanhol é reconhecido como *Alfabetización Informacional*; sendo que em português, está associado à Competência em Informação/Competência Informacional[5] e à Cultura da Informação (Le Deuff, 2009, p. 40-41).

---

5. A noção de competência em informação é defendida por Feres e Belluzzo (2009, p. 78) como "[...] um domínio de saberes e habilidades de diversas naturezas que permite a intervenção prática na realidade, e a segunda, uma visão crítica do alcan-

As considerações de Moraes (2014) sobre o termo e a aparição em áreas distintas ajudam na compreensão da falta de consenso, de modelos e de teorias robustas sobre a cultura informacional. Para esse autor,

> A heterogeneidade de campos do conhecimento que adotam o termo *information culture* pode ser evidenciada pelos nomes/palavras-chave com que são classificados os artigos que tratam desse assunto.

Alguns autores usam, concomitantemente, os termos como cultura da informação e cultura informacional, enquanto outros preferem atribuir distinções. Córdoba González (2003, p. 32) compreende a "cultura da informação" em uma perspectiva que envolve as condições sociais e educacionais que influenciam os costumes e hábitos de uma pessoa, conduzindo-a a internalizar tal cultura no comportamento.[6]

Existem muitas definições de cultura informacional na Documentação[7] na Espanha, incluindo o uso de variadas expressões, tais como cultura informacional, cultura com consciência da informação ou cultura da informação.

Adota-se a compreensão de Ponjuán Dante (2007, p. 23), que considera a cultura informacional como o conhecimento sobre como manejar a informação. Além disso, explica Ponjuán Dante (2007) que são os comportamentos e as atitudes em relação à informação, produto dos valores e crenças culturais do

---

ce das ações e o compromisso com as necessidades mais concretas que emergem e caracterizam o atual contexto social". Desse modo, as competências são o conjunto de habilidades necessário para colocar um conhecimento em prática.

6. Para Córdoba Gonzalez (2003), a discussão se centra na alfabetização da informação.

7. Como será explicado, o termo *Documentação* na Espanha pode ser uma tradução aproximada para *Ciência da Informação*, contudo esse último é mais utilizado no sentido de Ciência da Comunicação. Adota-se sempre que possível a expressão *Ciência da Informação/Documentação*.

grupo. Woida (2013) tem semelhante compreensão e sustenta que a cultura provê a direção para os indivíduos manusearem a informação, sustentando-se em valores e crenças que justificam a relevância da informação para a organização. As práticas, as estratégias, os mitos, as histórias e os rituais refletem tais valores e crenças nos comportamentos informacionais.

A cultura informacional começa a ganhar maior volume de discussões, recebendo delineamento específico pelas abordagens na Ciência da Informação. Por outro lado, percebe-se que a produção sobre o tema mantém associação direta com literatura estadunidense, com algumas exceções como a participação de um autor finlandês. Desse modo, é necessário investigar como a ciência da informação trata a cultura informacional em outros países, identificando abordagens e propondo uma síntese.

Contudo, o tratamento dado ao tema no Brasil e na Espanha, não discute a cultura informacional do ponto de vista das subculturas, ou seja, não mostra a cultura informacional sob a perspectiva de uma cultura não uniforme, formada por pequenas culturas no interior da empresa. A condução do tema nessa linha de argumentação acarretaria considerar a cultura informacional como algo específico cujos efeitos seriam restritos a alguns dos grupos dentro das empresas, afetando, por exemplo, as noções de ambiente informacional referindo-se a todo o ambiente interno da empresa. Buscando maior aproximação a esse problema, alguns dos desdobramentos podem ser que a cultura informacional venha a assumir características específicas em cada setor ou departamento, inviabilizando a aplicação de políticas amplas na empresa. Autores como Ponjuan Dante (2007) indicam que a cultura informacional está dentro da cultura organizacional.

Moraes (2014, p. 130) assinala que a cultura informacional se apresenta distinta para cada organização, e recorre a Deshpande e Parasuraman (1986) e Ginman (1987) e Choo et al. (2008) explicando que "a cultura informacional tem forte relação com o ciclo de vida da organização, seu segmento, seu perfil mercadológico e seus objetivos, entre outros pontos".

Além de compreender que a cultura informacional representa uma parte específica dos valores e crenças destinados à informação, um comparativo também é necessário entre as subculturas que formam a cultura informacional de uma organização, uma vez que isso poderia auxiliar em procedimentos de auditoria de informação e na implementação da gestão do conhecimento, uma vez que a percepção e o uso da informação são específicos para cada parte da estrutura organizacional.

Definições sobre cultura informacional como a apresentada por Choo et al. (2008, p. 803) correspondem a perspectivas ampliadas da organização e compreendem a cultura informacional como os comportamentos, as normas e os valores que são compartilhados, que dão significado e influenciam no uso da informação (Choo et al., 2008, p. 792).

Curry e Moore (2003, p. 93) assinalam a necessidade da cultura ser compartilhada, o que conduz a processos de troca e construção conjunta de conhecimentos. Esses autores (2003, p. 94) compreendem a cultura informacional como:

> Uma cultura na qual o valor e a utilidade da informação em conseguir sucesso operacional e estratégico são conhecidos, onde a informação forma a base da tomada de decisão organizacional e a informática é facilmente explorada permitindo um Sistema de Informação efetivo.

Sendo assim, a cultura informacional tem relação com a cultura organizacional, visto que compreende características específicas e condições socioculturais das empresas que resultam nos comportamentos informacionais dos indivíduos, sendo estes compreendidos como o conjunto de atitudes, as táticas e as formas utilizadas pelo usuário para levar a cabo a identificação, busca e uso da informação, seja atuando em ambientes industriais, seja como cidadão participativo.

A cultura informacional é definida por Woida (2013, p. 142) como:

> um conjunto de elementos e processos que influem no comportamento da organização e de informação, nos distintos níveis que são individual, grupal e organizacional no que interagem o processo de criar, compartilhar e utilizar informação, entre outros comportamentos característicos das pessoas que trabalham com recursos de informação.

Assim, deveria ser uma abordagem específica da Ciência da Informação/Documentação sobre a participação da cultura no trato da informação, mas ainda não é. Percebe-se isso quando se realizam buscas por textos sobre o tema produzidos na ciência da informação, cujos resultados demonstram o que Moraes (2014) constatou: grande presença sem apresentar definição e em campos distintos.

Os limites da cultura informacional na perspectiva da cultura organizacional são explicados por Ponjuán Dante (2007, p. 97), sendo que para esta autora a cultura informacional é parte da cultura geral da organização, apresentando tanto similaridade com o contexto maior da organização, quanto especificidades.

Um dos problemas quando se estuda a cultura, mesmo da organização, é que se trata de um fenômeno pouco concreto. Por isso, a sua investigação realiza-se por intermédio de seus elementos e processos, algo mais palpável e que pode ser observado ou mensurado, como os comportamentos, como sugeriram investigadores da Documentação na década de 1980 (González Teruel, 2005, p. 81). Os elementos são aqueles fatores ou aspectos que definem a constituição de uma cultura, retratados como o conjunto de ideias aceitas culturalmente e que podem compor as atitudes, as crenças, os valores, as normas. Por outro lado, existem processos, que são as dinâmicas compostas por procedimentos ou etapas necessárias para um fenômeno como a comunicação e a socialização.

Pichs Fernandez e Ponjuán Dante (2014, p. 26) explicam que a cultura informacional é a soma de muitos fenômenos, sejam informacionais, comunicacionais ou tecnológicos. Os autores definem a cultura informacional como a capacidade de manejar a informação na organização, e incluem as crenças, as experiências informacionais (costumes e hábitos) e as competências.

Fazendo referência à definição de cultura informacional exposta por Davenport (1999, p. 104), Ponjuán Dante (2007, p. 32) expressa que a cultura informacional refere-se aos comportamentos e às atitudes que a organização toma em relação à informação, regidos por valores e crenças de um grupo. Tal compreensão precisa ser acrescida de outros elementos, que são os componentes usados para compreender a cultura informacional. Além dos valores e crenças, as normas, os ritos e os mitos são fundamentais.

Os resultados comportamentais em relação ao manejo da informação são, em parte, decorrentes da cultura informacional. Quanto a isso, ressalta-se que os indivíduos precisam apresentar comportamentos, por exemplo, voltados ao ato de compartilhar. Ponjuán Dante (2007, p. 33) especifica três enfoques determinantes para fazer a gestão da informação. Acredita-se que os enfoques que a autora discorre são relevantes, em razão de que mostram atividades que mantêm vínculo com a cultura informacional.

O primeiro enfoque aborda o compartilhamento da informação, uma vez que o ato de compartilhar visa tornar a informação disponível a outras pessoas. Segundo Ponjuán Dante (2007), a troca de informação permanece sendo uma limitação para as organizações. Os motivos para que a troca não seja efetivada são muitos, e quase todos relacionados com a ausência de instrução sobre como e por que fazer o compartilhamento.

Para o presente livro, toma-se a troca de informação como um resultado comportamental vinculado à cultura informacional que aparece na gestão da informação, mas que é importante como uma forma de evidenciar os rituais de um grupo, especialmente sobre como instruir as pessoas a participar e efetivar o compartilhamento de informação.

Ponjuán Dante (2007, p. 33) sugere que o comportamento e a cultura da empresa podem ser modificados, considerando que ações específicas devem ser desenhadas, monitorando o resultado no comportamento. Posicionamento que ajuda a explicar que as mudanças na cultura informacional devem ocorrer para provocar o surgimento de troca de informação.

Um segundo enfoque discorrido pela autora explica que os fluxos de informação, são relevantes para a gestão da informação. Dependendo de quem participa pode ocorrer um fluxo excessivo de informação, dando caráter de lentidão no trato com a informação. Ponjuán Dante (2007, p. 33) sugere que a sobrecarga pode ser contornada redesenhando o fluxo, inclusive verificando a necessidade de mais pessoas atuando em determinados pontos do fluxo de informação.

O fluxo de informação ou informacional é considerado por García e Fadel (2010, p. 218-219) como sendo um canal que permite a circulação de informações, podendo envolver suportes/ pessoas no processo de enviar e receber informação. Da mesma forma como considerado a respeito da troca de informação, o fluxo de informação compõe uma parte importante do que é a cultura informacional, posto que envolve o processo de comunicação, considerado por Freitas (1991, p. 75) como um elemento da cultura organizacional. Defendemos o mesmo a respeito desse processo para a cultura informacional.

Freitas (1991) propõe que o processo de comunicação "inclui uma rede de relações e papéis informais que comportam padres, fofoqueiros, conspiradores, contadores de estórias etc.". Acredita-se que tanto em relação à troca como ao fluxo de informação, é indispensável incluir o processo de inserção dos indivíduos e grupos no contexto de manejo da informação dentro da discussão da cultura informacional. Esse item parece ser marginal nas definições de cultura informacional, sendo mais frequente nas discussões sobre alfabetização informacional, como percebido em Visbal e González (2000). A socialização como forma de preparar e auxiliar o indivíduo a internalizar não apenas a competência informacional, mas principalmente os valores e as crenças da cultura informacional devem ser discutidos mais atentamente.

Como terceiro enfoque para a abordagem da gestão da informação, Ponjuán Dante (2007, p. 34) discute o estado da normalização, da centralização e da descentralização da informação. A autora propõe que a organização estabeleça um padrão na forma como concebe aspectos essenciais, de maneira que sejam percebidos com homogeneidade em qualquer parte da organização, cujo resultado é não centralizar informações.

A posição da autora sobre aspectos envolvendo a noção de centralização e descentralização é relevante para a cultura informacional. Está implícito nessa noção que se a informação é centralizada os tomadores de decisão e todos os que podem ter envolvimento direto com as trocas e os fluxos constituir-se-ão em número reduzido, o que é incompatível com a noção de algo que transcende os indivíduos identificando-se como a cultura informacional.

Além dos enfoques usados para compreender a gestão da informação e que, no ponto de vista defendido nesse livro, envolvem diretamente a cultura informacional, são necessárias táticas para gerenciar o comportamento informacional, as quais Ponjuán Dante (2007, p. 34) prefere recorrer às sugestões de Davenport (1999, p. 130) para explicar a necessidade de comunicar que a informação tem valor para a organização; esclarecer tanto as estratégias como os objetivos da informação na organização; gerenciar conteúdos específicos de informação; indicar a responsabilidade do comportamento informacional integrando-o à estrutura da organização; e buscar educar os funcionários à respeito do comportamento informacional.

Algumas considerações podem ser feitas sobre as táticas apresentadas por Davenport, pois são necessárias para compreender como desenvolver práticas ou aspectos formais que conduzem à cultura informacional. Assim, tais táticas mostram que:

• O ato de comunicar os valores defendidos e aceitos pela organização é fundamental para que as pessoas saibam o que se espera de seu comportamento. Trata-se de tornar evidente que a informação possui valor, não apenas para conquistar objetivos pertinentes às tarefas específicas de cada cargo, mas de expor que a informação não pode constar como posse de um ou de poucos. Se é importante e valiosa, deve ser compartilhada. Em resumo, o esclarecimento sobre a relevância da informação para a organização torna possível compreender um dos valores mais fundamentais para a cultura informacional. Ou seja, qualquer cultura informacional deve considerar como valor básico que a informação seja importante.

Essa afirmação possui respaldo no fato de que uma pesquisa sobre cultura organizacional chegou à conclusão de que as culturas estudadas eram similares (Akin; Hopelain, 1986 apud Freitas, 1991, p. 77). Essa conclusão é estendida sobre cultura organizacional no presente livro.

• É necessário esclarecer por que é importante e qual a utilidade da informação em cada nível de acesso e uso da informação na estrutura organizacional, formalizando e incluindo essa valorização no formato de tarefas laborais, uma vez que a valorização pode ser transferida e transformada em funções e em trabalho e pode passar a ser parte dos rituais, que são consequências práticas e expressivas, como define Freitas (1991, p. 75). A cultura informacional precisa de atividades planejadas que não se restrinjam a momentos que evoquem promoções, comemorações, despedidas etc. Como assinala Dias (2003), os rituais também são práticas laborais realizadas por profissionais.

> Funcionários do setor de informática, por exemplo, podem ter de desenvolver um ritual diário que consta de vários ritos: ligar o computador à tomada, colocar um determinado

software, desligar o computador ao final do dia, retirá-lo da tomada etc. (Dias, 2003, p. 94)

Dessa forma, o esclarecimento proposto sobre a valorização e a utilidade da informação ajuda a cultura informacional a se tornar concreta nas funções e tarefas distribuídas na estrutura organizacional, além disso, ajuda a compor rituais de gerenciamento das tipologias de informação, conduzindo a uma menor sobrecarga de informação.

• Dessa forma, acredita-se ser necessária a definição de quais são os comportamentos informacionais esperados em cada cargo, agregando-os à estrutura da organização. Porém, essa não parece ser uma especialidade teórica ou prática da Ciência da Informação, confirmada ao realizar uma pesquisa no Google.com.br[8], unindo os termos "descrição de cargos" e "ciência da informação", com resultados que apontam sobretudo para editais de concursos e não para manuais de como realizar o planejamento e a descrição de um cargo dentro de uma estrutura.

Segundo Freitas (1991, p. 79) o departamento, setor ou encarregados pelos recursos humanos das empresas são os mais citados como responsáveis pela cultura organizacional. No caso da cultura informacional, deve-se ter também atenção sobre isso. Porém, considera-se que para a cultura informacional devem-se agregar profissionais vinculados ou formados pela ciência da informação, uma vez que inclui questões específicas sobre a informação.

Isso significa que é necessário formalizar na própria descrição de cargos os comportamentos considerados indispensáveis para a execução de cada tarefa e projetar o resultado disso na estrutura da organização.

Quando se fala em execução de tarefa, logo se pensa em uma função isolada na organização. Vale lembrar que na descrição de

---
8. Busca realizada no dia 31 de outubro de 2015.

cargos é possível acrescentar informações sobre a obrigação de compartilhar informações, qual o tipo a ser compartilhada e para quem.

• Por último, entre as táticas destaca-se o ato de inserir e preparar um indivíduo no contexto do trato adequado da informação. A socialização organizacional é um processo indispensável e fornece condições para que as pessoas compreendam e internalizem o próprio papel, conheçam a organização e os pares de trabalho, bem como compreendam as expectativas das partes envolvidas nesse ambiente, perfazendo um contrato psicológico de trabalho adequado.

Assim, instruir as pessoas sobre como efetivar o comportamento informacional deve ser uma ação realizada com antecipação e planejamento, para que seja incorporada à cultura informacional, sendo possível a sua reprodução em cada indivíduo.

A cultura informacional apresenta relação com a alfabetização informacional, quando afirma que a preparação de um indivíduo para saber manejar informação depende do contexto cultural. Porém, em alguns textos, a definição de cultura informacional se aproxima da utilizada para alfabetização informacional. Por exemplo, em Cornella (1999), a cultura informacional é a habilidade que um indivíduo possui de compreender e usar a informação nas suas tarefas. Para outros, a alfabetização está relacionada à educação e ao auxílio na aprendizagem (Gómez Hernández, 2009).

O *College and Research Libraries* (2000 apud Bernhard 2002, p. 412) explica que a alfabetização em informação "se trata de um conjunto de atitudes que se referem ao uso e domínio da informação em qualquer das formas em que se apresenta, assim como das tecnologias que dão acesso à informação".

Por sua vez, Ponjuan (2002, tradução nossa) defende que:

Cultura informacional, portanto, constitui uma categoria hierárquica superior à do alfabetismo informacional. O processo contínuo de alfabetização cria esse padrão que provoca uma aproximação à mudança, essa cultura. Criar, provocar essas relações sociais, é indispensável para massificar as condições que vão despertando as condições onde determinados atores podem exercer a função de agentes de mudança.

Dessa definição, infere-se que para Ponjuan, a cultura informacional não é o contexto anterior ao comportamento, mas posterior à execução da alfabetização, uma vez que os comportamentos aprendidos e compartilhados formam o padrão de relações considerado como cultura.

Além disso, Ponjuan (2002, tradução nossa) assinala que:

> Apenas mediante uma alfabetização informacional que conduza à uma cultura informacional poderá existir uma verdadeira gestão do conhecimento a nível global e poderá a humanidade potencializar seu Capital humano em busca da paz e do desenvolvimento.

Assim, percebe-se que tal relação busca colocar em ordem de amplitude o tema da cultura informacional em relação à alfabetização informacional.

A discussão proposta por Zurkowisk em 1974 (apud Bawden, 2002, p. 376) se refere ao alfabetizado informacional como aquele que consegue aplicar os recursos informacionais no próprio trabalho. Antecedente a esta proposta, estudos e publicações na área de socialização organizacional apareceram na década de 1960 (Schein, 1968 apud Borges; Albuquerque, 2007, p. 333) associado ao ato de aprender a cultura organizacional. De forma que a cultura é antecedente à socialização, ou no mínimo, paralela.

Tal processo de preparar o indivíduo para considerá-lo apto a um papel é aceito como o processo de socialização organizacional. Corrobora com essa percepção, a explicação de Johnson (1997, p. 212) na qual:

> A socialização é necessária para que o sistema continue e funcione eficazmente, uma vez que todos eles dependem de indivíduos motivados e preparados para desempenhar os vários papéis que abrange.

Concorda-se com Ponjuan sobre a questão da amplitude, mas não se defende que a alfabetização seja considerada prévia à cultura informacional, mas concomitante, porque conduz os indivíduos à contínua e necessária adaptação às condições do ambiente.

Assim, o vínculo entre os temas também aparece quando há menção à necessidade dos indivíduos exercerem habilidades específicas no trato da informação em um contexto. Eisenberg e Berkowitz (1980) apud Ponjuán Dante (2007) propõem seis habilidades a serem desenvolvidas: a primeira recai sobre a definição da tarefa; a segunda sobre a criação de estratégias para a busca da informação; a terceira sobre a localização e acesso à informação; a quarta sobre o uso da informação; a quinta sobre a análise; a sexta sobre a avaliação. O exercício dessas habilidades resulta na cultura informacional pessoal, que se associa à política de trabalho.

Quando a política de trabalho desempenhada pela pessoa é combinada com as linhas de ação esperadas pela organização, o indivíduo pode alcançar influência sobre os pares de trabalho, de acordo com Ponjuán Dante (2007, p. 37). Podem ser considerados pares de trabalho aqueles que possuem proximidade de objetivos, mas também se incluem aqueles que fazem parte do grupo de indivíduos que atuam na organização, pertencendo ou não ao mesmo setor ou departamento.

Concorda-se com Ponjuán Dante sobre o argumento de que a cultura informacional é percebida nas habilidades específicas demonstradas pelos indivíduos e que estes podem influenciar os pares de trabalho, mas também serem influenciados por líderes.

A liderança possui importante papel na cultura informacional. Ponjuán Dante (2007) assinala o papel dos dirigentes mediante a influência positiva que podem exercer sobre as competências dos indivíduos, sendo que para isso devem possuir uma cultura informacional, bem como demonstrar exemplos (comportamentais) positivos no trato com a informação.

A liderança é o ato de influenciar as pessoas utilizando-se de alguma fonte de poder. Além de a liderança facilitar a criação e a manutenção de uma cultura informacional, as tecnologias de informação ajudam no exercício da cultura informacional pessoal, fornecendo apoio (Ponjuán Dante, 2007). Evidentemente concorda-se com Ponjuán Dante, pois a liderança influencia e orienta a forma como as pessoas pensam e como se comportam, enquanto as tecnologias são ferramentas usadas para facilitar algum procedimento.

A presença de liderança que estimula o comportamento informacional pode difundir a cultura informacional e a noção de cooperação, ajudando a flexibilizar e mudar condutas limitadas por uma estrutura verticalizada, com barreiras departamentais e com centralização. O estímulo também deve existir no que diz respeito às relações interpessoais (Ponjuán Dante, 2007, p. 38-39). Quanto a este aspecto, a sugestão da autora é dada no sentido de incluir a estrutura informal da organização como um elemento importante e de influência sobre o comportamento apresentado pelos indivíduos em relação à formalidade institucionalizada.

Entre os fatores destacam-se ainda as políticas organizacionais, os recursos destinados, as tecnologias disponíveis e a comunicação. Tais fatores formalizados e que, mesmo quando insuficientes ou mal organizados (distribuídos), podem resultar positivamente, uma vez que exista estímulo e preparo para o uso adequado. Como destaca Ponjuán Dante (2007, p. 39) "[...] pessoas muito capazes e sem muitos recursos podem fazer maravilhas".

Apesar de a cultura informacional ser um objeto de análise referente às organizações e associado à gestão da informação e do conhecimento, mostra-se pouco debatido na Ciência da

Informação/Documentação. Evidências dessa afirmação estão indicadas em Choo et al. (2006, p. 803), Choo (2013, p. 775 apud Moraes; Barbosa 2014). Mas também se evidencia o debate marginal sobre a cultura informacional em Pinto Prieto, Becerra Ardila e Gómez Flórez (2012, p. 270), bem como em Martínez Cerdá e Torrent Sellens (2014, p. 294), pois tais autores tratam do tema sem mencionar o termo, explorando-o indiretamente. Em uma pesquisa que teve como pano de fundo a análise dos anais do Enancib, Woida, Oliveira e Valentim (2010) constataram que a produção de textos em cultura informacional não é significativa quantitativamente.

O distanciamento entre o mundo empresarial e a ciência da informação ajuda a explicar o fato do tema não ter sido explorado exaustivamente. Para Rodriguez, em Mesa Redonda (1999) existe clara deficiência da *cultura de la información* espanhola, especialmente por dois motivos: os documentalistas não conhecem a cultura empresarial e o empresário desconhece a cultura documental.

A menção à cultura informacional parece ser feita de maneira pouco aprofundada, uma vez que em geral não inclui definições (Moraes; Barbosa, 2014) ou determinações de como realizar a mudança, assim como poucas definições do que se considera por cultura informacional.

De um ponto de vista aplicado, Bustelo Ruesta e García Morales Huidobro (2000) corroboram com o fato de que o profissional da informação possui escasso conhecimento da realidade empresarial e consideram que "Es imposible entender la información dentre de dicho contexto si no se entiende la empresa en sí misma". Dessa forma, não é suficiente formular um modelo de gestão generalista que possa ser aplicado em qualquer organização, pois deve-se considerar a presença das particularidades culturais da empresa.

Sendo assim, esta obra propôs-se a investigar os elementos e os processos da cultura informacional do Setor de Tecnologias e Componentes para a Instalação Elétrica ou/e o Setor de Automatização, Controle Industrial e Eletrônica da Espanha, bem como seus referenciais teóricos na Documentação Espanhola.

Os objetivos específicos do presente livro foram: 1) identificar como o conceito de cultura informacional é tratado pela literatura na Espanha, delimitando os usos atribuídos à noção de cultura informacional em suas respectivas abordagens e linhas na Documentação espanhola; 2) investigar a relação entre comportamentos de produção e uso da informação com a cultura informacional no contexto organizacional; 3) verificar os comportamentos de produção, compartilhamento e uso da informação no contexto da cultura informacional no setor de Tecnologias e Componentes para a Instalação Elétrica ou/e o Setor de Automatização, Controle Industrial e Eletrônica da Espanha; 4) identificar elementos e processos formadores da cultura informacional no setor de Tecnologia e Componentes para a Instalação Elétrica ou/e ao Setor de Automatização, Controle Industrial e Eletrônica da Espanha.

Esses dois últimos objetivos permitiram comprovar a importância dos elementos e processos da cultura informacional dentro de um campo empresarial específico.

Além do método escolhido ser necessário para atingir o objetivo proposto, percebe-se a partir da observação dos diferentes métodos utilizados em pesquisas pós-doutorais em Ciência da Informação, realizadas por pesquisadores brasileiros, que os procedimentos metodológicos adotados nesta pesquisa coincidem com as demais pesquisas do gênero. Desse modo, seis relatórios de estágio pós-doutoral indicam o uso da pesquisa bibliográfica, sendo que em cinco delas não indicou a aplicação de uma técnica específica para organização e análise do *corpus* encontrado.

Corsini (2011, p. 4) explicou que escolheu o levantamento de dados secundários, a realização de entrevistas presenciais e a revisão de literatura como método investigativo. Por sua vez, Rabello (2010) adotou como método a história dos conceitos e Klink (2012, p. 2) preferiu analisar a literatura para entrelaçar com estudos de caso. Oliveira (2011, p. 8) optou pelo levantamento documental e pesquisa empírica, enquanto Valentim (2013, p. 3) relatou que em sua pesquisa realizou um levantamento bibliográfico, uma coleta de dados a partir de um instrumento com questões abertas e fechadas, com aplicação de análise de conteúdo. Ortega (2015, p. 8) determinou como metodologia o uso de uma pesquisa bibliográfica. A justificativa de Ortega se dá sobre a fragilidade dos conceitos e das terminologias, as quais dificultam que pesquisas empíricas possam ser desenvolvidas, motivando a revisão e uma melhor articulação de ideias. Nota-se que a pesquisa bibliográfica está presente nas pesquisas pós-doutorais, constituindo-se como uma parte ou a totalidade do método adotado.

No que diz respeito às pesquisas desenvolvidas no Brasil sobre o tema Cultura Informacional, detectou-se como métodos os seguintes:

Quadro 1: Métodos e objetivos de pesquisas em cultura informacional

Autor	Objetivo	Método
Silva; Duarte (2010)	Analisar os elementos constitutivos da cultura informacional que vêm operando no sentido de favorecer a implementação de mudanças na estrutura organizacional do Sistema de Bibliotecas da UFPB.	Pesquisa de natureza exploratório-descritiva, de abordagem quanti-qualitativa, utilizando como meios a pesquisa documental e de campo, e a triangulação dos dados.
Moraes; Barbosa (2014)	Desenvolver um modelo conceitual e procedimentos metodológicos para a identificação e interpretação de elementos constituintes da cultura informacional.	Revisão de literatura e pesquisa empírica, com participação de 208 profissionais de uma empresa de grande porte.
Alves; Duarte (2014)	Apresentar uma abordagem teórica sobre a interface entre a informação e a cultura nas organizações	Do tipo bibliográfico e exploratório.

Alves; Barbosa (2010)	Identificar e analisar as principais influências e barreiras do compartilhamento da informação em ambientes organizacionais.	Revisão de literatura.
Alves; Duarte (2013)	Compreensão do tema da cultura organizacional em relação à geração, compartilhamento e uso da informação e conhecimento, ou simplesmente cultura informacional.	Pesquisa exploratória, utilizando a Tipologia Cultural de Cameron e Quinn.

Fonte: Elaborado pela autora.

Corrobora-se com Woida (2013, p. 28) quando explica que sua pesquisa, cujos problemas de pesquisa são de natureza teórica, não refletem a maioria das investigações realizadas pela Ciência da Informação.

Os procedimentos metodológicos escolhidos [...] compõem parte de um grupo pequeno de pesquisas realizadas na Ciência da Informação, o que, de acordo com Gomes (2006, p. 6-7), em revisão de trabalhos de autores como Bufrem (1996), Gomes (2005) e Oliveira (1998), os quais buscaram caracterizar a pesquisa na Ciência da Informação, significa um grupo de no máximo 5% do total das pesquisas desenvolvidas em alguns dos programas de pós-graduação da área. Sendo assim, a ênfase da área recai sobre pesquisas empíricas e quantitativas. O desdobramento das discussões propostas por Gomes (2006) demonstra uma situação alarmante para a área, uma vez que problemas como a indefinição ou a falta de consenso sobre o objeto e sobre pressupostos próprios à área são associados à ausência de pesquisas teóricas, que a princípio poderiam desenvolver um corpo de conhecimentos adequados à Ciência da Informação.

Além das pesquisas citadas no Quadro 1, outras foram listadas por Moraes (2013, p. 73-74) em sua tese sobre cultura informacional, mapeando os objetivos de cada um dos principais trabalhos desenvolvidos e identificando-os como pesquisas empíricas.

Sabe-se que não existe um consenso, tanto sobre o conceito como sobre quais são os métodos apropriados para estudar a cultura informacional, uma vez que sua definição dependerá sempre das variáveis envolvidas, da quantidade de sujeitos participantes e do tipo de empresa, além do que, a forma como a cultura informacional é abordada também se revela importante na definição da escolha do método. A esse respeito, a escolha do método se fundamentou em experiência obtida na realização de outras pesquisas já finalizadas, as quais tiveram a participação como colaboradora ou como pesquisadora principal (Moraes et al., 2014; Abreu; Moraes; Woida, 2012; Moraes; Abreu; Woida, 2012, 2013, 2014).

Tais publicações descrevem pesquisas que usam método similar de organização e de análise das informações, como pode ser verificado no relatório financiado e aprovado pelo Conselho Nacional de Desenvolvimento Científico e Tecnológico (CNPq), chamada MCTI/CNPq/MEC/Capes n. 18/2012. A partir de tal projeto, alguns trabalhos e artigos foram publicados em eventos e periódicos importantes, entre os quais Ibersid e Edicic e o periódico Informação e Informação (UEL), confirmando que a área utiliza método semelhante ao delineado na presente pesquisa.

Sendo assim, foi realizada uma investigação exploratória que teve início em setembro de 2014, junto à Universidad Carlos III de Madrid, dividida em três etapas descritas a seguir:

1. Levantamento bibliográfico

O estudo também buscou fundamentar-se em revisão teórico-conceitual sobre o tema, realizada no acervo da Biblioteca da Universidade Carlos III de Madrid, respaldando-se no levantamento em bases de dados disponibilizadas pela instituição, cujo intuito foi identificar como a discussão da cultura informacional é efetivamente tratada na Espanha, delineando especialmente a vinculação à gestão em ambientes de informação nos seguintes quesitos: *definição, influências teóricas, correntes* e *campos de aplicação*.

Dessa forma, os materiais utilizados foram periódicos, livros, anais de jornadas e eventos exclusivamente da Ciência da Informação/Documentação. Preferiu-se não realizar um corte temporal para as buscas, utilizando-se o indicador SJR para selecionar os periódicos, os quais foram: *Cybermetrics*, não foi incluída pois não apresentou resultados para as palavras-chave usadas na busca; *Revista Española de Documentación Científica*; *El Profesional de la Información*; *BiD – textos universitaris de biblioteconomia i documentación*, não foi incluída pois não apresentou resultados para as palavras-chave usadas na busca; *Scire*; *Revista General de Información y Documentación*; *Ibersid*; *Revista Digital Sociedad de la Información*; *Anales de Documentación*.

Como estratégia de busca na base de dados do acervo da biblioteca da UC3M preferiu-se usar os termos em espanhol *cultura informacional* e *cultura de la información*. Como estratégia para leitura dos textos recuperados e selecionados, a opção foi identificar o contexto de referência ao termo *cultura informacional* ou *cultura de la información*. Além disso, optou-se por manter as citações literais no idioma espanhol na maioria dos casos, preservando a integridade da ideia e o contexto no qual os termos apareceram.

Contudo, além dos textos que faziam menção direta ao termo, optou-se por incluir outros que mantinham estreita relação, como textos que discutiam questões comportamentais em temas como inteligência competitiva, gestão da informação e do conhecimento. Nesse caso, a seleção foi realizada observando títulos, palavras-chave, e em alguns casos, resumos que mostravam aproximação.

A presente análise da literatura foi construída fazendo referência ao contexto do texto original, por meio de um resumo das ideias centrais e vinculadas à cultura ou contexto sociocultural, contribuindo para compreender como a cultura informacional é percebida pela área na Espanha, acrescentada de uma interpretação da literatura com base em outros referenciais da autora. Além disso, a revisão foi agrupada em três abordagens principais, definidas por meio da tendência apresentada pela própria literatura.

2. Coleta de dados

Ainda no mês de setembro os contatos com as empresas foram realizados por meio de ligações telefônicas, usando as informações coletadas no primeiro semestre de 2014 no sítio web ICEX (<http://www.icex.es>). Os resultados obtidos com as ligações telefônicas foram negativos quanto à aceitação em participar da pesquisa fornecendo respostas tanto à entrevista como ao questionário. Juntamente às ligações telefônicas foram enviados correios eletrônicos contendo as informações da pesquisa, enfatizando o objetivo, os procedimentos metodológicos e éticos. Inicialmente os correios eletrônicos apresentavam-se no formato de convite, enviando-os com frequência média de duas a três vezes por semana. Entretanto, as empresas selecionadas não responderam às solicitações.

Visando uma solução para a impossibilidade de coleta de dados, foram realizadas várias buscas de documentos com informações setoriais.[9] Assim, decidiu-se contatar agências e associações do setor na Espanha para pedir apoio (acesso à informação das empresas, tais como nomes, telefones e correios eletrônicos dos gerentes) visando ter contato direto com os sujeitos de pesquisa.

Além disso, foi solicitado auxílio às agências e associações para intermediar o envio do convite para as empresas participarem da pesquisa, juntamente com o instrumento de pesquisa (questionário no formato da Escala de Likert). Contudo, as agências e as associações negaram-se a fornecer auxílio, justificando que pesquisas acadêmicas não estão contempladas no papel e atividades desempenhados por elas.

Os correios eletrônicos continuaram a ser enviados à lista original de empresas aprovadas pela Fapesp para a coleta de dados.

---

9. Entretanto, as informações identificadas advinham ou diretamente dos sítios web das empresas ou de catálogos setoriais, os quais reproduziam as informações dos sítios web das empresas. Ambos disponibilizaram informações gerais, com telefones ou correios eletrônicos direcionados ao atendimento de fornecedores ou de clientes.

Porém, os envios foram feitos com o acréscimo do instrumento de pesquisa no formato da Escala de Likert, utilizando recursos de produção e coleta do Google Docs.

A coleta junto às empresas do setor de eletroeletrônicos ocorreu em Madri, entre os dias 28 e 30 de outubro de 2014. O Salão Internacional para Soluções na Indústria Elétrica e Eletrônica (Matelec), evento do setor, reúne mais de 550 empresas de 80 países, mostrando-se representativo para o setor. A partir das informações disponibilizadas no catálogo da Matelec[10], como nome completo da empresa, o ramo de atuação e atividade, telefone e endereço digital. Foram selecionadas 30 empresas fundamentando-se em dois critérios de amostragem: 1) ser fabricante com filial ou sede na Espanha e 2) pertencer ao subsetor de Tecnologia e Componentes para a Instalação Elétrica ou/e ao Setor de Automatização, Controle Industrial e Eletrônica.

Assim, as 30 empresas convidadas a participar da investigação foram as seguintes: Tecnoplus, OBO Bettermann, Electroniquel, ETA (Elpo Electric, S.A.U.), La Canaleta (Grupo Ales), Sassin Electric, Talleres Velilla, Adam Hall GMBH, Aener Energía, Famatel, Cembre España, Canfor Utensili, Portalámparas y Accesorios Solera, Digamel Telecomunicaciones, Brother Iberia, Socage Ibérica, Gripple, Bender Iberia, Brady, Vilfer Electric, Temper Energy International, Hellermanntyton España, Sistemas Metalper (S.L. Ängel Enchufe Deslizante), Schmersal Ibérica, Heico Fasteners, Center Cable, Courant SAS, DR Industrial (S.L. Cortem Group) e S.A.C.I. (Sociedad Anónima de Construcciones Industriales).

A coleta de dados foi realizada com gerentes das empresas, considerados sujeitos da pesquisa. A abordagem aos sujeitos foi feita explicando-se verbalmente sobre a pesquisa (objetivos, pro-

---

10. Esta feira ocorre em Madrid e reúne as principais indústrias do setor de eletroeletrônicos. Informações sobre a feira podem ser acessadas em: <http://www.ifema.es/web/catalogos/matelec/index.html#I>. Porém, também ocorre em outras regiões, como é o caso da Matelec que ocorrerá em julho de 2015 em Santiago do Chile.

cedimentos metodológicos e éticos). Assim, foi perguntado se participariam tanto da entrevista como do preenchimento do questionário no formato da Escala de Likert. Os sujeitos de pesquisa argumentaram que poderiam responder apenas ao instrumento impresso no formato da escala de Likert.[11] Os dados coletados advêm de 22 das 30 empresas selecionadas conforme os critérios expostos. Os procedimentos éticos impossibilitam a identificação dos nomes das empresas e dos participantes que forneceram as respostas, de forma que essas informações foram colocadas apenas à disposição da Fapesp e da supervisora. Para tomar essa decisão, foram utilizados os parâmetros sugeridos pelo Conselho Nacional de Saúde na Resolução 196/1996[12] que rege os procedimentos de pesquisas envolvendo seres humanos.

Os sujeitos da investigação foram indivíduos de postos hierárquicos de coordenação ou gerência, porque são considerados mediadores e disseminadores da cultura informacional e da informação.

Os questionários, contendo 40 questões com base na Escala de Likert, foram aplicados e tiveram uma interpretação qualitativa sobre os coeficientes de Pearson. Tal instrumento foi construído com base na literatura investigada também em pesquisas anteriores (Woida, 2008; 2013).

Com os dados coletados foi possível fazer uma análise qualitativa sobre os Coeficientes de Pearson, tanto nos considerados fortes como nos fracos nas correlações entre itens do instrumento de pesquisa. As correlações obtidas do Coeficiente de Pearson significam que se alcança uma medida de associação bivariada que indica o grau de relacionamento entre as variáveis que recebem análise. Isto é, indica principalmente se existe ou não rela-

---

11. Este fato conduziu à ausência de coleta de dados no formato de entrevista, porém, as perguntas que seriam feitas via entrevista constavam no instrumento, e alguns sujeitos de pesquisa optaram por preenchê-las.
12. Disponível em: <http://conselho.saude.gov.br/web_comissoes/conep/aquivos/resolucoes/23_out_versao_final_196_ENCEP2012.pdf>.

cionamento, se a associação é positiva ou negativa e o valor absoluto demonstra a intensidade. Caso se apresente positiva, isto indicaria que quando uma variável cresce a outra também seguirá essa tendência. Se for negativa, indica que sofrem modificações em direções distintas: quando uma cresce a outra diminui. Assim, pode-se dizer que o Coeficiente de Correlação de Pearson é uma medida de associação linear, que assume posições entre -1 e 1, sendo que nestes extremos trata-se de uma correlação perfeita.

Sendo assim, é considerada linear porque as variações em um item causam impacto em outra variável e isso pode ser representado por uma linha reta em um gráfico. Assim, a associação obtida implica que as variáveis compartilham variações e quanto menor a dispersão dos pontos no gráfico, maior o grau de correlação. Por sua vez, quando o valor é zero, significa que não existe correlação entre as variáveis.

Geralmente, valores extremos não são encontrados. Desse modo, a interpretação dos coeficientes sugerida por Dancey e Reidy (2005) e adotada na análise é que: Se r tem valores entre 0,10 e 0,30 a correlação é fraca; se r tem valores entre 0,40 e 0,60 a correlação é moderada; se r tem valores entre 0,70 e 1,0 a correlação é forte. Sendo que quanto mais próximo do valor um, mais demonstra que as variáveis são dependentes uma da outra.

A decisão de aceitar ou não a Hipótese Nula (Ho) considera não apenas o coeficiente de Pearson (α), mas também deve ser provada por meio do p-valor, fazendo uma comparação entre ambos.

O p-valor é uma medida de quanta evidência se tem contra a Hipótese Nula, de modo que quanto menor o p-valor, mais evidência se tem contra a Ho. Assim, pode-se dizer que se o p-valor é menor ou igual ao nível de significância α (determinada antecipadamente), quer dizer que existe correlação significativa entre as variáveis.

Por meio da aplicação do Coeficiente de Pearson verificou-se a forte correlação entre os itens expostos na análise, ao nível de significância de 5%. Sendo que, no que diz respeito ao total das correlações, foram encontradas fortes, moderadas, fracas e também inexistentes. Estas correlações indicam o que pode ou não compor a cultura da informação nas empresas investigadas. Para obter os coeficientes foi utilizado o programa Action[13], preenchendo a tabela e cruzando-se os itens do instrumento.

3. Análise dos documentos

Com o intuito de obter um conjunto de informações sobre o setor, decidiu-se incluir a Pesquisa Documental, considerada assim porque busca identificar informações em materiais como documentos oficiais, reportagens, relatórios de pesquisa (Gil, 1994, p. 73). A pesquisa documental foi acrescentada para complementar informações, pois as entrevistas não puderam ser realizadas, conforme explicação que consta na justificativa do pedido de modificação aprovado pela Fapesp. Tal técnica fornece subsídios para obter uma panorâmica, sendo que a análise sobre esses dados pode alcançar inferências importantes sobre o setor, mantendo o uso da análise de conteúdo para realizar a organização dos dados para a análise.

Para a análise dos documentos do setor de eletroeletrônica, optou-se pela análise de conteúdo com o uso da técnica de categorização, uma vez que esta é definida por Bardin como:

> [...] o conjunto de técnicas de análise das comunicações visando obter, por procedimentos sistemáticos e objetivos de descrição do conteúdo das mensagens, indicadores (quantitativos ou não) que permitam a inferência de conhecimentos relativos às condições de produção/recepção (variáveis inferidas) destas mensagens. (Bardin, 1977, p. 42)

Dessa forma, o método de análise de conteúdo propõe-se a realizar inferências sobre indicadores do tipo quantitativo ou

---

13. Disponível em: <http://www.portalaction.com.br/content/estat%C3%Adsticab%C3%A1sica>.

qualitativo, e que revelam o conteúdo da mensagem analisada do texto. Assim, evidencia o contexto de produção do conteúdo analisado. Como Bardin (1977) explica, a análise de conteúdo pode ser exploratória (heurística) ou orientada por hipóteses/categorias seguindo uma estrutura para realizar a organização do material.

A estrutura da análise de conteúdo seguiu um procedimento em partes: pré-análise, na qual se busca organizar o conjunto de documentos, com a formulação de hipóteses/objetivos e, por fim, elaboração de indicadores usados na análise (Bardin, 1977, p. 95).

Entretanto, tais indicadores elaborados na pré-análise dependem da formulação de unidades de codificação representativas, ou seja, que apresentem significado e que possam ser classificadas em agrupamentos. Para o presente trabalho, optou-se pelo tema como forma de fazer os recortes em unidades de codificação no documento analisado, o qual pode constituir-se por palavras, frases, entre outros. Dessa forma, as informações foram extraídas tanto dos dados coletados junto aos sujeitos de pesquisa, como junto à literatura, abordada no próximo apartado.

Após as explicações metodológicas, apresenta-se a estrutura do trabalho que segue. O texto deste relatório está dividido em três partes, além desta introdução que apresentou os problemas referentes à cultura informacional, os objetivos e os procedimentos metodológicos. O capítulo seguinte trata do conceito de cultura informacional na Ciência da Informação/Documentação na Espanha, identificando usos, a relação com os comportamentos de produção e uso e, problemas com a terminologia adotada. O Capítulo 2 discute as características e a cultura informacional no setor de eletroeletrônicos na Espanha, seus elementos e processos por meio de uma análise dos dados obtidos pelas correlações fortes do Coeficiente de Pearson e do *Ranking* Médio. No Capítulo 3 são resumidos os resultados alcançados comparando com os objetivos propostos no livro.

CAPÍTULO 1. A CULTURA INFORMACIONAL NA CIÊNCIA DA INFORMAÇÃO/DOCUMENTAÇÃO NA ESPANHA

O objetivo deste capítulo foi identificar as definições e menção à cultura informacional, não restringindo o contexto de aparecimento na literatura na Ciência da Informação na Espanha. A verificação do uso dado ao termo foi relevante para delimitar a extensão e profundidade do termo, bem como sua presença em outros temas, tais como a gestão da informação, do conhecimento, a gestão documental, a inovação, a competência informacional, auditoria da informação, capital intelectual, fluxo de informação, inteligência competitiva. O termo também apareceu vinculado à alfabetização informacional, às tecnologias de informação e ao processo de comunicação.

A partir da identificação das abordagens e delimitando os usos atribuídos ao termo, verificou-se que a cultura informacional apresenta definições, o que não significa consenso no uso do termo pela área.

Em razão disso, fatores como a alta rotatividade presente nas empresas, a ampliação do quadro de pessoal, mudanças em processos ou produtos e alterações na estratégia motivadas por *stakeholders*, resultam na permanente necessidade de usar os recursos da forma mais correta. Assim, a informação é recurso valioso e imprescindível e, por isso, é foco de atenção da Ciência da Informação/Documentação.

Somam um total de 58 textos publicados de 1992 a 2014 com menção direta e indireta ao tema e que foram utilizados na revisão de literatura do presente trabalho, entre capítulos de livros, teses, artigos de periódicos e textos publicados em jornadas identificados e coletados por meio do acervo da biblioteca

43

da UC3M. Em 1998 e 2003, verifica-se uma concentração de produção de textos que mencionam o tema, coincidindo com a incorporação de modelos de gestão e das tecnologias de informação, tanto no que diz respeito à integração e uso pela sociedade em geral, como pelas empresas.

Os termos identificados nos textos selecionados foram: *cultura informacional*; *cultura de la información*; *cultura documental*; *cultura corporativa de transmisión de información*; *cultura de colaboración y cooperación*; *cultura informática de la organización*; *cultura de intercambio*; cultura de uso; cultura de compartilhamento de informação.

Além disso, os termos indiretos com menção e direcionamento ao uso e compartilhamento de informação identificados foram: cultura organizacional; cultura da organização; cultura organizativa; *cultura de la organización*; cultura de empresa; cultura empresarial; *cultura de la empresa*.

Integrar os indivíduos à sociedade da informação e refletir os aspectos culturais desta sociedade foram citados nas abordagens discutidas nas seções anteriores e que mencionaram a cultura informacional. Assim, a cultura informacional é vista como determinante para adquirir comportamento de uso e produção da informação, para adotar e usar tecnologias, para obter inovação ou desenvolver competências e autonomia do cidadão.

O conceito de cultura informacional é mais bem desenvolvido pela abordagem da gestão em comparação com as demais abordagens discutidas, pois mostra maior detalhamento de sua constituição em relação aos valores, crenças, normas, rituais, mitos, práticas e demais tipos de comportamentos voltados a tratar a informação. Desse modo, forma um contexto, geralmente vinculado à presença e uso de tecnologias de informação, influindo nos comportamentos de busca e de uso da informação necessários em diferentes ambientes informacionais.

A ciência da informação se ocupa de estudar e desenvolver formas adequadas de organizar, armazenar e disseminar informação, considerando-se o fluxo de informação inserido em um contexto social, cultural e tecnológico.

Diferente do que ocorre no Brasil, na Espanha a Ciência da Informação recebe outra denominação. *Ciencias de la Información* é uma tradução aproximada, visto que esta expressão também é usada para Ciência da Comunicação de forma que "[...] se utilizan outras como Documentación, Información y Documentación, Documentación e Información, e incluso Biblioteconomia y Documentación" (Ros García; Fernández García; Aguilar Nogueras, 1992). Contudo, aparece em língua espanhola o uso do termo *Ciencia de la Información*, como se pode perceber em Linares Columbié (2004) e em Guzmán (2005).

A linguística, a informática, entre outras áreas são aplicadas à ciência da informação (Unesco apud Cunha; Cavalcanti, 2008, p. 81). Assim, é uma ciência que se desenvolve aproveitando outas ciências para resolver problemas associados à produção, acesso e uso da informação. Na definição de Borko (1968), a Ciência da Informação:

> É uma ciência interdisciplinar derivada de campos relacionados, tais como a Matemática, Lógica, Linguística, Psicologia, Ciência da Computação, Engenharia da Produção, Artes Gráficas, Comunicação, Biblioteconomia, Administração, e outros campos científicos semelhantes.

Considera-se que, as áreas citadas por Borko contribuem de forma singular, subsidiando teorias e métodos a Ciência da Informação. Dentre elas Psicologia, Antropologia e Sociologia forneceriam explicações sobre o comportamento humano com relação à informação, em termos individuais e imersos em um coletivo.

Mostrando um ponto de vista antropológico, Marteleto (1995, p. 1-2) explica que a informação é um artefato cultural, cuja construção e distribuição obedecem a uma realidade socio-histórica. Dessa forma, Marteleto cita a Geertz (1978, p. 188) para mostrar a relação entre o conceito de cultura e o de informação.

Cultura e informação são assim conceitos/fenômenos interligados pela sua própria natureza. A primeira – funcionando como uma memória, transmitida de geração em geração, na qual se encontram conservados e reproduzíveis todos os artefatos simbólicos e materiais que mantêm a complexidade e a originalidade da sociedade humana – é a depositária da informação social. Por essa mesma razão, pode ser considerada como a "genoteca" da sociedade humana. Nela, os "programas" ou gabaritos para a organização dos processos sociais e psicológicos, de forma semelhante aos sistemas genéticos, que fornecem tal gabarito para a organização dos processos orgânicos. Esses padrões representam fontes extrínsecas de informação, em cujos termos a vida humana pode ser padronizada, funcionando como mecanismos estrapessoais para a compreensão, julgamento e manipulação do mundo.

Assim, a Antropologia situa a cultura como um sistema criado, compartilhado e complexo de elementos práticos e simbólicos que ao serem institucionalizados produzem, perpetuam e disseminam informação, cujo intuito é fornecer um padrão mediante o qual pode-se conhecer e atuar em uma sociedade.

Dessa forma, espera-se que as áreas como a Antropologia, a Sociologia e a Psicologia contribuam igualmente para compreender a cultura informacional, bem como para formulação de modelos e de métodos de estudo a respeito desse tema.

García Marco (2011) elucida o papel da Psicologia e da Sociologia na Ciência da Informação, explicando que:

> [...] *la información – es un fenómeno eminentemente humano, y por ello es imposible estudiar la información humana o realizar una actividad fundamentada – sea en la práctica profesional, en la investigación o en la reflexión teórica – en este campo sin atender a sus fundamentos psicológicos y sociales.*

Presume-se que os estudos sobre cultura e comportamento informacional necessitam de explicações específicas e que demonstrem a relação com a informação. A implicação disso é que o tema cultura informacional deveria apresentar maior aprofundamento e maturidade, porém, como já afirmado na introdução, a cultura informacional é debatida ainda de forma marginal. A falta de aprofundamento e de maturidade do tema podem ser percebidos no uso do termo "cultura informacional" sem atribuição de uma definição, como se percebe no uso dado em Ferrer (2008) e em Tejada Artigas (2003).

García Marco (2011) explica que enquanto uma parte da Ciência da Informação dedicava-se aos temas de recuperação e aos conteúdos de informática, outra tendência fez-se presente, para fazer frente aos problemas dirigidos à perspectiva psicológica e social, tanto no que diz respeito às atividades profissionais como acadêmicas. Dessa forma, Cronin (2008) denominou *The sociological turn in information science* para o movimento de retorno aos problemas psicológicos e sociais na área (apud García-Marco, 2011, p. 6).

Segundo García Marco (2011), a Psicologia e a Sociologia aparecem nos cinco temas centrais da área:

> 1) *la gestión de unidades y sevicios de información y documentación,* 2) *la ingenería de sistemas de información y documentación,* 3) *la recuperación de la información – modelos matemáticos, metadados y organización del conocimiento, como aproximaciones alternativas y muchas veces complementarias –,* 4) *la estructura y dinámica de la información – bibliometría y uso de la información, fundamentalmente –,* y 5) *la teoría de la ciencia de la información.*

Dois destes temas são significativos para analisar a cultura informacional: o primeiro e o terceiro. No primeiro, consta que gestão de unidades e serviços de informação e documentação tem relação direta com os resultados do fenômeno da automatização dos processos técnicos dirigidos aos documentos. Para García Marco (2011) é isso que conduziu ao crescimento da proximidade com o usuário. Concorda-se sobre ser essa a razão para pôr ênfase na formação dos usuários, incluindo temas como a alfabetização, que recebeu um incremento na produção científica. No que concerne à gestão, é necessário incluir a gestão do conhecimento, pois esta, para García Marco (2011), apresenta três aspectos principais:

> [...] la estructura y la dinámica organizacional en su conjunto, la inserción de los diferentes grupos en ese contexto, y la interacción de los individuos entre ellos y con el resto del sistema estudiado.

Ainda que García Marco não faça referência à cultura informacional, percebe-se que a gestão do conhecimento demanda interação entre as pessoas para a construção e o compartilhamento de conhecimento, sugerindo a necessidade de uma cultura que forneça condições por meio de valores e crenças transformados em rituais e práticas para os grupos interagirem.

O segundo tem importantes fundamentos em teorias de cunho psicológicos e sociológicos, é a recuperação da informação. García Marco (2011, p. 7) sugere que esse tema tem como proposta desenhar sistemas que facilitem a busca de informação. Junto a esse tema, porém, considerando estudar e propor modelos de comportamento de busca de informação encontra-se o comportamento informacional. Nesse caso, García Marco (2011, p. 7) explica que esses temas têm fundamentos no paradigma cognitivo.

> *De alguna manera podríamos afirmar, por un lado, que la perspectiva social disuelve al usuario como ente abstracto y compacto y lo recupera como miembro de un entramado de dimensiones sociales, si se quiere, de grupos de usuarios; y que la perspectiva psicológica concreta al usuario como un individuo*

con una posicion peculiar en el ciclo de vida y con unas diferencias que deben ser atendidas. (García Marco, 2011, p. 9)

Contudo, García Marco (2011) não discorre sobre a cultura informacional diretamente, apenas aponta algumas influências das teorias da Psicologia e Sociologia sobre os temas centrais na Ciência da Informação. Como muitos dos temas abordados pela Ciência da Informação, a cultura em ambientes organizacionais privados ou públicos, padece de investigação e melhor definição, tal como sugerido por Choo (2013, p. 775) e por Choo et al. (2006, p. 803 apud Moraes; Barbosa, 2014, p. 123). O termo é identificado na Ciência da Informação publicada na Espanha, inclusive fazendo uso de termos diretos e indiretos, cuja presença é um indicativo de sua relevância para compreender e desenvolver outros temas na área, tal como as competências pertinentes ao profissional que trabalha com gestão de informação e conhecimento. Aparecem termos associados em textos de Menou (2004), Cornella (1999) e García e Fadel (2010), que usam respectivamente *"cultura de la información"* e *"cultura organizacional"*. González Galvez, Rey Martín, Cavaller Reyes (2011) adotam os mesmos termos de García e Fadel. Manifesta-se como "cultura organizacional" e "cultura de empresa" em d'Alòs-Moner (2003). Já Soy i Aumatell (2003) e Urbina Criado (2003) preferem o termo *"cultura de la información"*. Contudo, autores como Martínez Cerdá e Torrent Sellens (2014) primam por usar "cultura empresarial", enquanto García Alsina e Ortoll Espint (2012) adotam os termos "cultura organizativa", *"cultura de información oral"* e *"cultura com consciência de la información"*. O termo "cultura organizativa" também é usado por Pinto Prieto, Becerra Ardila y Gómez Flórez (2012) e por Ortoll Espinet (2004), porém para esta autora, a *"cultura de la información"* está dentro da cultura organizativa.

A variação atribuída ao termo permanece sendo constatada em Postigo (2001), que usa a expressão *"cultura de la empresa"*.

Bustelo Ruesta e Morales Huidobro (2000) dão preferência ao termo "cultura empresarial", mas também usam em outro texto, do ano 2000, o termo "*culturas corporativas de transmisión de información*". O termo "cultura informacional" é usado por Gómez Hernandéz (2008) como sinônimo de "*competencia*" ou "*alfabetización*". No universo de termos associados à cultura informacional, encontra-se "*cultura de intercambio*", usado por Cornella (2001). Iturrioz (2001) usa o termo na forma "cultura informacional" como sinônimo de consciência da informação como recurso. Para Pinto e Uribe Tirado (2012) o termo ganha a forma de "cultura informacional", porém associando-o à alfabetização, como faz também Gómez Hernández (2009).

O uso dado a todos esses termos manteve associação direta com o contexto social e cultural necessário para fazer funcionar o fluxo de informação, o registro ou o acesso.

Os termos "cultura informacional" ou "cultura da informação" são usados de forma intercalada como em Glória Ponjuan (2007) e Cornella (2000), às vezes, com tentativas de marcar diferença entre eles. Por exemplo, Le Deuff (2009) identifica e separa os termos "cultura informacional" de "cultura da informação", sendo que o primeiro se associa a uma cultura individual e o segundo a uma cultura que envolve saberes, representação e ação em relação ao coletivo. Le Deuff (2009) sugere que na literatura francesa a preferência seja pelo termo "*culture de l'information*" (cultura da informação), mas com presença um pouco menos expressiva do termo "*culture informationnelle*" (cultura informacional). Há um uso específico atribuído ao termo cultura informacional na França, sendo paralelo à "vigilância informacional". Por outro lado, o termo "cultura da informação" tem seu uso vinculado ao contexto de produção de informação científica e técnica, portadora de herança advinda da Documentação (Le Deuff, 2009, p. 42).

Ainda assim, prefere-se permanecer utilizando o termo "cultura informacional", mantendo proximidade com a produção de pesquisas e textos em inglês, mesmo porque nos textos em francês pesquisados, não se encontrou consenso sobre o que defendeu Le Deuff. Por exemplo, Bulinge (2002) e Soares Torquato (2007) adotam o termo "*culture informationnelle*".

A cultura informacional se associa a temas distintos como se pode perceber nas preferências de adoção do termo expostas no parágrafo anterior, entre os quais, formação/educação, vigilância e competência profissional. Em relação ao tema competência e desempenho profissional, as discussões que competem à cultura informacional podem enfatizar a presença de atores como o gestor, o subordinado, e a presença do ambiente externo ou interno da organização, tal como aparece em Ortoll Espinet (2004).

Sobre os conhecimentos e tarefas do gestor da informação, Arias e Costa (1996) apud Rueda Martínez (2014, p. 403) discorrem sobre algumas das que estão presentes na gestão da informação: desenhar o sistema de comunicação, conhecer os recursos de informação, assegurar a transferência da informação e:

> [...] *Debe tener capacidad para la escucha, la cultura informacional* [...] *implica la necesidad de una buena y constante transferencia de información entre los miembros de la organización y para ello, tanto la dirección como el responsable de recursos humanos y el responsable de la información deben aprender a escuchar a sus clientes internos, es decir, a los empleados.*

Rueda Martínez (2014) observa que esses conhecimentos, entre os quais a cultura informacional, são pertinentes ao profissional da informação, uma vez que pode realizá-los sem esforço.

A manifestação da expressão em parte dos textos realiza-se de forma semelhante à encontrada em Rueda Martínes (2014), Ferrer (2008) e em Tejada Artigas (2003), isto é, usa-se o termo supondo um significado já consensual na área, sem explicitar, por exemplo, se o uso refere-se ao profissional ter uma cultura informacional ou se isso cabe ao contexto e à formação do usuário. Além disso, não existe consenso sobre se a cultura informacional é utilizada para simplificar a ideia de valorização da informação, ou de habilidades cognitivas ou comunicacionais que envolvem o compartilhamento da informação.

O estudo da cultura em ambientes organizacionais possui bases em outras áreas como a Sociologia, a Psicologia Organizacional, principalmente, a Administração. Porém, o tema parece ser tratado pela Ciência da Informação de forma a não incluir sempre definições, características, apresentando versatilidade ou, talvez imprecisão. Serres (2008, p. 17) explica que é óbvio que a cultura informacional apresenta-se como interdisciplinar reunindo vários campos ou disciplinas, bem como vários atores, tudo devido à natureza transversal da informação.

Apesar de não ser possível generalizar, percebe-se que muitos termos emprestados da Administração indicam uma apropriação acrítica, mostrando-os como consagrados e indiscutíveis em suas áreas de origem, como conceitos teórico-práticos aceitos amplamente como verdade, sem ambiguidade de interpretação e com respaldo empírico verificável. Na verdade, tais termos são questionáveis em suas áreas de origem, como ocorre, por exemplo, com o uso atribuído à motivação e à noção de equipes no campo da Administração. Robbins (2007) explica algumas das diferenças e usos adequados a esses termos, uma vez que isso interfere na prática das empresas. Por exemplo, Puyal Español (2001) fornece explicações dos mitos que circundam a noção de equipes. Contudo, trata-se apenas de uma hipótese considerar que a apropriação de teorias de outras áreas pela Ciência da Informação seja realizada sem críticas.

Dessa forma, e levando em consideração uma necessária adaptação do tema pela Ciência da Informação, a cultura informacional deve abordar questões envolvendo subcultura no interior de uma organização, como também referências à cultura informacional como sendo base da sociedade da informação. Observa-se a cultura informacional por intermédio de valores e crenças, mitos e rituais, assim como a comunicação, na medida em que mostram como central os problemas envolvendo a informação.

Na Espanha, faz-se referência à expressão "cultura informacional" desde a década de 1990, tanto em periódicos como em livros, conforme se pode concluir dos textos que foram selecionados e analisados. Essa constatação evidencia que naquela época existia preocupação a respeito da valorização e necessária adesão às tecnologias de informação e comunicação. Junto a essa preocupação identificaram as barreiras de cunho humano que impediam a aceitação e o uso das tecnologias. Além disso, parte das preocupações se voltou para melhorar a gestão conseguindo eficiência, qualidade e equipes de alto desempenho. Apesar de a informação ser o centro de atenção da Ciência da Informação, outros problemas circundaram a tarefa de organizar e acessar a informação, tal como a existência dos problemas de cunho sociocultural relacionados a como incentivar a participação dos indivíduos nos fluxos de informação, no compartilhamento e na mudança de comportamento que isso demandava naquele período. Martín Mejías (1998) esboçava tais preocupações na VI Jornadas Españolas de Documentación. Os problemas de cunho sociocultural abarcam, por exemplo, o que Dorner, Gorman e Calvert (2015) explicam sobre as necessidades e as formas de satisfazê-las apresentarem vínculo com um contexto sociocultural. Para Souza (1983, p. 76):

> [...] o modo social pressupõe informação, a existência de códigos e mecanismos que regulem a interação entre seus membros, estruturas semióticas, estas, que podem ser entendidas como cultura. Portanto, ainda que a informação anteceda a vida, a sociedade e a cultura, sendo tão vital para a espécie humana que podemos dizer que habitamos uma informosfera, é o nível antropológico que mais diretamente deve interessar à Ciência da Informação, pois o processo de comunicação/informação, assunto focal desta disciplina, dá-se em um meio ambiente, específico que é a cultura [...].

A presença do tema da cultura em ambientes informacionais aparece associada aos problemas de treinamento, comportamentais, de aceitação aos modelos de gestão e tecnologias. Nos próximos apartados, utilizaram-se três agrupamentos para demonstrar como a cultura informacional vem sendo tratada na Ciência da Informação/Documentação na Espanha, demarcando o contexto de produção no qual se apresenta. Estas abordagens são: gestão, socioeducacional e tecnológica-comunicacional. Assim, as abordagens resultam de agrupamentos atribuídos aos temas cujo termo cultura informacional apareceu associado. Além disso, o intuito principal ao agrupar nessas abordagens, foi isolar a abordagem da gestão a fim de extrair as principais considerações sobre a cultura informacional.

1. Abordagens da gestão

Nesta seção se verifica a menção à cultura informacional em temas como a gestão documental, inovação, competência, gestão da informação, fluxos de informação, gestão do conhecimento e inteligência competitiva. Esses temas foram separados e aglutinados no que se denominaram abordagens da gestão, uma vez que tratam de questões pertinentes aos atos de planejar, organizar, dirigir e controlar no ambiente informacional.

Segundo análise realizada, a cultura informacional aparece associada aos sistemas de gestão documental. A gestão de documentos é um conjunto de processos que permite um armazenamento adequado da informação ou do documento visando à recuperação, sendo que tais documentos podem ser digitais ou em papel.

A gestão eletrônica de documentos na Espanha apresentava pouca adesão, aquisição e uso de sistemas específicos para a gestão documental na década de 1990 (Cornella, 1998). Cornella aponta que as empresas usavam sistemas de gestão eletrônica de documentos (GED) de diferentes formas, sendo que muitos apenas pretendiam reduzir custos com a documentação. O autor expõe que:

> *El bajo nivel de cultura informacional en las empresas españolas se podría evidenciar comparando nuestro producto interior bruto (PIB) con el consumo de servicios de información electrónica. Es evidente que estamos por debajo de lo que nos corresponde.*

A noção de cultura informacional empregada pelo autor remete a valorizar a informação, algo que parece não acontecer na própria cultura do país, isto é, a cultura nacional da Espanha não apresenta elementos indicadores de que a informação é algo importante. Soares Torquato (2007) aponta que a cultura informacional de uma nação revela o tratamento dado à informação nas organizações, especialmente nas empresas.

A percepção da informação e sobre como esta deve ser tratada carrega como herança as características de um país. Hofstede se dedicou a estudar a cultura da empresa IBM, em suas diversas filiais espalhadas pelo mundo. As conclusões apontam que a cultura nacional tem implicações na cultura interna da empresa. Além disso, pode-se inferir que não apenas aparecerá na cultura geral da empresa, mas também em suas subculturas, no modelo de organização adotado que reflete a estrutura organizacional com particularidades sobre, por exemplo, o fluxo de informação, a centralização, e o direcionamento e permissões sobre comunicação.

Andreu i Daufí (1998) descreve uma metodologia para dirigir subsistemas de gestão de documentação administrativa, identificando as capacidades-chave, os limites e as tendências que podem ser previstos dentro desses limites. O autor indica que entre os vários elementos que interferem na gestão da documentação administrativa, consta a cultura. Entre os cenários que podem ser idealizados de acordo com o horizonte temporal, o âmbito de atuação e as partes interessadas, podem ocorrer situações em que exista grande investimento em recursos especialmente em tecnologia informática para fazer a gestão da documentação e, ainda assim, a cultura informacional apresentar-se pouco expressiva. Assim, as políticas precisam prever as resistências culturais, bem como o sistema de gestão documental deve preservar a memória e a identidade da instituição, junto com a sua cultura.

Os setores de documentação e a gestão dos documentos vinculam-se à cultura informacional em ambientes empresariais, infere-se isso porque a gestão de documento depende da presença de indivíduos atuantes em dois papéis, como usuários ou como gestores do documento. Ambos devem compartilhar da percepção de que a documentação é relevante e indispensável para a empresa, sendo necessário adotar práticas e rituais específicos sobre o armazenamento, a localização e a recuperação, bem como considerar que na produção desses documentos prevaleçam padrões na forma como a informação é registrada. Toda essa percepção deve permitir que a dimensão informacional da empresa não se restrinja ao organograma – considerado a representação gráfica da estrutura organizacional –, mas apareça na prática e nos comportamentos dos atores, motivados pelo contexto cultural centrado na informação.

Bejarano Rojas (1998) detalha o funcionamento do setor de documentação de uma empresa pública de solo. Explica como a gestão da informação é realizada fazendo com que o monitoramento, a coleta e a distribuição da informação sejam adequados às necessidades do usuário. A autora destaca que a informação deve ser encaminhada ao gestor, após receber um tratamento personalizado. Além disso, associa a presença da cultura informacional à presença de setores responsáveis pela documentação.

El esquema de organización tradicional de "centros de documentación" con servicios preestablecidos, y a los que hay que acudir expresamente si deseamos obtenerlos, falla constantemente en el contexto empresarial, donde ni existe tiempo para realizar una labor de investigación a favor de la própria gestión, ni, por desgracia, existe aún la "cultura informacional" suficiente que sí poseen los entornos relacionados con la investigación y la educación. (Bejarano Rojas, 1998, p. 5)

Nesse caso, Bejarano Rojas (1998) questiona se um serviço documental pode ser prestado de forma eficaz na ausência de uma cultura informacional. Com isso, o uso do termo no contexto empresarial acerca-se à valorização da informação e à necessidade de dedicação às necessidades do usuário, garantindo que tal valorização traduza-se na integração do centro de documentação com o restante da organização. Além disso, há que se considerar que assim como o planejamento do setor de documentação e a gestão da documentação precisam de integração com o restante da organização, é necessário identificar de forma específica quais são as atividades necessárias para a gestão de documentos que cada indivíduo deve executar para torná-la integrada ao restante da estrutura. Essa formalização é indispensável não apenas para atribuição específica dos papéis ocupados por cada indivíduo, mas para que se reconheçam membros de um grupo que compartilha objetivos e pertençam a um contexto em comum. No entanto, a elaboração de cargos costuma ser uma tarefa de responsabilidade do departamento de recursos humanos, reconhecido também por fazer a gestão da cultura presente na organização, conforme se constata em Freitas (1991). Infere-se que o departamento de recursos humanos tem um papel fundamental na inserção dos indivíduos e na criação de um contexto sociocultural que favoreça a gestão da informação disponibilizada em documentos.

Assim, na formação de uma ideia geral da composição e dos atores participantes da cultura informacional, encontra-se a necessidade de estabelecer as tarefas, práticas e rituais pensados para representar esta cultura, favorecendo não apenas a noção de fluxo e de compartilhamento, mas também de atos que envolvam a produção, as formas de registrar e a recuperação da informação.

No que diz respeito à consultoria informacional, a cultura informacional é mencionada como parte do ambiente informacional das organizações (Bustelo Ruesta; García Morales Huidobro, 2000). Dessa forma, a consultoria deve avaliar, inclusive, o contexto cultural, uma vez que se assume como determinante e influenciador do comportamento das pessoas.

Nesse contexto da consultoria, além da cultura informacional, verificam-se fatores cuja função é ser suporte ou facilitador do fluxo de informação. O consultor em informação atua sendo geralmente convocado por diretores de empresas para organizar a informação, eliminar papéis da empresa e implantar um sistema de gestão eletrônica. Dessa forma, assinala-se que o profissional deve possuir uma visão integrada e conhecer o que ocorre no ambiente empresarial. Nesse caso, não se trata apenas de investigar os meios de registro ou a recuperação da informação, mas de conhecer a estrutura, as políticas, os processos e os atores que participam do fluxo informacional na organização.

Dessa forma, apesar de Bustelo Ruesta e García Morales Huidobro (2000) não explorarem detalhadamente os aspectos da cultura informacional, explicam que entre as diversas frentes de ação de uma consultoria em organização da informação, está o fato de que se deve determinar

> [...] la influencia de los hábitos de utilización de la información de los indivíduos dentro de las organizaciones para la confección de políticas de recursos humanos y gestión del conocimiento.

Assim, ajuda a confirmar a necessidade da participação de um departamento ou responsável pelos recursos humanos na construção, manutenção e disseminação da cultura informacional, devendo atuar em conjunto com consultores em informação, ou responsáveis por setores de documentação.

Além da gestão documental e da informação, a cultura informacional está conectada aos processos de inovação. Essa relação é sugerida pelo fato de que a inovação é processo que se inicia na construção de conhecimento, o qual advém dos fluxos de informação, do compartilhamento e do confronto funcional de ideais entre as pessoas que participam dessa criação. Pensar em um novo produto/serviço, processo, ou em suas características, requer identificação e solução de problemas. Dessa forma, a participação das pessoas é vital para a inovação, necessitando de estímulos que conduzam ou transformem a percepção e os comportamentos em relação ao trato com a informação, por meio da cultura centrada na informação.

Agregar diferença aos produtos ou processos da organização é uma das formas de entrar, manter ou melhorar a participação no mercado. Esse assunto compete também à Ciência da Informação, porque envolve produção, organização e acesso à informação nas organizações.

Muñoz Cañavate (2009) não utiliza o termo "cultura informacional" em sua pesquisa, porém investiga a situação da informação em termos de infraestrutura, tecnologia e cultura empresarial em empresas da região de Valência, na Espanha. Dessa forma, apesar de utilizar o termo cultura empresarial, resulta na mesma abordagem atribuída à cultura informacional, visto que tem a informação como centro. Em realidade, como já apontado na introdução do presente trabalho, a cultura informacional é uma parte da cultura organizacional.

De acordo com Muñoz Cañavate (2009), existe relação entre a inovação e o uso da informação, e explica que apesar dos esforços para promover a inovação, os recursos destinados a isso podem acabar não sendo utilizados, isso porque a cultura instalada não é uma cultura informacional. Especialmente no que concerne às pequenas e médias empresas (cuja sigla em espanhol é PYMES) há um baixo investimento em inovação, justamente porque persiste uma visão de curto prazo, bem como está presente o medo de compartilhar conhecimento entre as pessoas nesse tipo de organização. Características que evidenciam que a cul-

59

tura instalada não desenvolveu valores e crenças que permitam às pessoas perceberem que a informação é importante, mas que, além disso, que o compartilhamento dela é também.

No que tange à questão da inovação e uso de informação de qualidade por empresas, preferencialmente provenientes de bases de dados científicas, Ferrer (2008) explica que as empresas não fazem uso desse tipo de base de dados porque não valorizam financeiramente a informação que advém dessas bases, mostrando que não possuem cultura informacional. Para essa autora, a competitividade está atrelada à inovação, sendo que esta depende de fatores externos e internos à empresa, entre os quais, a própria cultura.

Ferrer (2008) lista vários planos de ação que visam elevar a inovação no âmbito da União Europeia e indica que outros fatores que não são apenas recursos financeiros influenciam nos resultados obtidos no campo da inovação. Entre eles, a ausência de recursos humanos, cuja formação atinja o nível de doutorado. Contudo, a concentração de indivíduos com esse nível de formação é maior em instituições públicas e universidades, sendo que apenas uma pequena parte encontra-se atuante em empresas. Ferrer (2008) explica que esse é um dos fatores que impactam negativamente na produção da inovação nas empresas, pois a fonte de informação e o tipo de informação acessados apresentam maior qualidade quando um doutor realiza a busca e a coleta de informação. Compreende-se que a cultura informacional sugerida por Ferrer é aquela que demonstra valorização pela informação quando os indivíduos e empresa estão dispostos a investir recursos financeiros para acessar informação fidedigna e com qualidade, especialmente as advindas de fonte de informação paga. Além disso, outra conclusão a que se pode chegar é que a cultura informacional depende da presença de pessoas preparadas para acessar informação, identificar as necessidades informacionais e selecionar as melhores fontes para coletar a informação necessária.

Todos eses datos nos muestran cómo la tarea de inovar es aún una asignatura pendiente por parte de las empresas españolas, las cuales, como primera medida deberían aumentar su cultura informacional y concienciarse de que los servicios de información son vitales para ellas. (Ferrer, 2008)

Os serviços de informação se constituem em oferta de recursos de informação aos usuários, seja por meio de um acervo físico ou por meio de bases de dados usados para fornecer acesso. As bases de dados científicas são fontes de informação de qualidade, porém, em geral, as empresas não as valorizam suficientemente porque se trata de uma fonte que demanda custos para ter acesso.

Ferrer (2008) justifica que para as pequenas e médias empresas espanholas essa visão da informação precisa ser modificada, criando uma cultura informacional. Isso significa que quando uma empresa dedica parte de seus recursos para garantir o acesso à informação relevante, ela indica possuir práticas que tem arraigado como valor central a informação. Os demais elementos da cultura informacional permitem que essa valorização da informação se consolide nas práticas, estratégias e percepções das pessoas.

Alguns de los motivos por los que las empresas no hacen uso de las bases de datos especializadas son conocidos y tienen su raíz en la escasa cultura informacional que tiene el empresariado. Una de las causas es no conceder el debido valor a la información y, en consecuencia, encontrarla demasiado "cara": muchos de los eventuales consumidores de información consideran que ésta debe ser de acceso gratuito. (Ferrer, 2008)

A falta de valorização da informação é um indicativo de que a cultura informacional não se desenvolveu entre os níveis gerenciais, o que claramente interfere na criação e difusão dessa cultura, em termos formais e informais, nos níveis inferiores da estrutura organizacional. Reflexos disso são sentidos na falta de compartilhamento de informação e de criação de conhecimento.

Por sua vez, Martínez Cerdá e Torrent Sellens (2014) realizaram uma pesquisa exploratória e quantitativa junto aos trabalhadores sobre a alfabetização midiática e a inovação em microempresas. Os autores defendem que a alfabetização midiática relaciona-se com os contextos empresariais, principalmente porque nestes há a constante necessidade de criar conhecimento. O contexto de empresas inovadoras está associado ao uso de tecnologias de informação, formação contínua dos trabalhadores e compartilhamento da informação, incluindo aquilo que os trabalhadores prospectam e monitoram do ambiente externo.

A alfabetização midiática é definida por Martínez Cerdá e Torrent Sellens (2014, p. 292, tradução nossa) como as:

> [...] habilidades para o aproveitamento de notícias procedentes de meios de comunicação por parte dos trabalhadores das empresas, e os diversos fatores que intervêm, todos eles sob um esquema de complementariedade, nos processos de inovação a nível empresarial.

Sendo assim, saber ler, interpretar e criticar com a finalidade de melhor aproveitar a informação é parte de habilidades necessárias para cidadãos e trabalhadores na sociedade hodierna, uma vez que modelos de gestão, como a gestão do conhecimento, dependem de criação de conhecimento, precisam de pessoas com habilidades voltadas a identificar, tratar e compartilhar a informação do ambiente.

A conexão do tema discutido por Martínez Cerdá e Torrent Sellens com a cultura informacional é que esta deve ser tratada como um somatório de conhecimentos sobre a tecnologia de informação e comunicação, conhecimentos gerais sobre diversas coisas, conhecimentos sobre como interpretar as informações disponibilizadas pela mídia, a valorização e uso da informação pelas organizações principalmente pelas empresas, e por fim, conhecer a informação científica e técnica (Baltz apud Soares Torquato, 2007, p. 55). Mas a conexão mais importante está no fato de que a cultura informacional trata desse somatório de conhecimentos, mas também da comunicação da informação.

Martínez Cerdá e Torrent Sellens (2014) relacionam a necessidade de uma alfabetização midiática com a presença da inovação. Esses autores (2014, p. 293) constataram que as pessoas que usam meios de comunicação *on-line* costumam compartilhar notícias com os pares de trabalho; as notícias compartilhadas seguem a tendência de serem aproveitadas, porém não de forma absoluta, pois consta que para mais de 43% dos respondentes a informação acaba não sendo aproveitada. Mesmo assim, os autores apontam que há a tendência de aproveitar informalmente os meios de comunicação na empresa, usando a comunicação *on-line*.

Entre as conclusões, Martínez Cerdá e Torrent Sellens (2014, p. 294) explicam que mais de 56% dos respondentes indicaram que a informação compartilhada é aproveitada pela empresa sob uma cultura empresarial de foco informal. Concretamente, "[...] el 56,5% de estos consideran que esta información compartida ha sido aprovechada por parte de la empresa, aunque bajo una cultura empresarial que la ha sabido rentabilizar de un modo informal".

A cultura a que se referem Martínez Cerdá e Torrent Sellens (2014), na verdade, diz respeito à cultura informacional, posto que sugerem que ocorreu compartilhamento de informação e que a informação foi aproveitada. Esse compartilhamento indica que a comunicação da informação é realizada, nos termos sugeridos em Soares Torquato (2007), porém as empresas não agregaram a estrutura e a dinâmica informal à estrutura organizacional. Isso significa que a cultura informacional identificada por Matínez Cerdá e Torrent Sellens (2014) não está sendo planejada, gerenciada e agregada às práticas formais descritas nos cargos dos indivíduos.

Outra conclusão importante da pesquisa de Martínez Cerdá e Torrent Sellens (2014, p. 294-295) é que detectaram a tendência de que os trabalhadores que têm acesso ao meio *on-line* acabam realizando mais o compartilhamento de informação com os pares de trabalho. Concluíram que as empresas podem beneficiar-se desse tipo de comportamento dos trabalhadores, devendo "modular" formalmente tais condutas. Em outras palavras, devem conformar, padronizar e agregar esses comportamentos de busca e compartilhamento na própria estrutura da organização. Entretanto, modular formalmente também pode significar o ato de formar as pessoas, estabelecendo a aprendizagem contínua na organização para estimular e viabilizar a alfabetização midiática, somando a isso a necessidade de organizar o trabalho em rede.

Assim, Martínez Cerdá e Torrent Sellens (2014) não mencionam o termo cultura informacional, porém aproximam-se dele ao tocar em pontos como a formação do trabalhador, a presença da cultura empresarial e da informalidade em relação à maneira como se aproveita a informação, bem como aponta a necessidade de "modular" formalmente tais comportamentos nas empresas. Assim, a alfabetização midiática é um tema com proximidade à cultura informacional, uma vez que aborda questões de interesse como o fato das pessoas compartilharem informação que pode ser coletada no ambiente externo a partir de prospecção e monitoramento. Esse comportamento que mostra interesse pela informação relevante para a empresa é revelador de um indivíduo inserido na cultura informacional.

Percebe-se que no trabalho desses autores há um contexto antecedente à alfabetização midiática, que se inicia na necessidade de formar as pessoas para serem cidadãos críticos (Pérez-Tornero; Celot; Varis, 2007 apud Martínez Cerdá; Torrent Sellens, 2014), capazes de usar TIC (alfabetização tecnológica ou digital) ou de acessar várias fontes de informação (alfabetização informacional). Defendem que a alfabetização midiática relaciona-se com os contextos empresariais, principalmente porque nestes há a constante necessidade de criar conhecimento. O contexto de empresas inovadoras está associado ao uso de tecnologias de informação, formação contínua dos trabalhadores e compartilhamento da informação, incluindo-se aquela que trabalhadores coletam do ambiente externo.

Analisando o exposto percebe-se que o conceito de cultura informacional pode contemplar questões distintas. Por um lado a cultura informacional é o contexto sociocultural de atuação de indivíduos, de forma que os atores envolvidos podem ser usuários de sistemas de informação, líderes e necessariamente pessoas capacitadas não apenas a valorizar a informação, mas a reconhecer informações relevantes, produzir documentos, registrar essa informação e disseminá-la usando, inclusive, processos de comunicação informal. Assim, a cultura informacional está vinculada às tecnologias de informação e comunicação, refletindo em comportamentos informacionais de acesso a bases de dados científicas, ainda que o contexto seja empresarial. Além de ser facilitadora dos fluxos de informação, a cultura informacional atua também na inovação, uma vez que gera comportamentos que conduzem à produção de conhecimento. Por fim, percebeu-se que a cultura informacional deve ser planejada e inserida nas práticas formalizadas da empresa, função desempenhada por um departamento de recursos humanos.

Por outro lado, encontrou-se a competência informacional como parte constituinte do que se chama aqui de cultura informacional. Feres e Belluzzo (2009, p. 78) explicam que a competência é "[...] um domínio de saberes e habilidades de diversas naturezas que permite a intervenção prática na realidade". Assim, fazendo uma aproximação mais clara, entende-se que os atores da cultura informacional necessitam conhecer e praticar os valores e crenças vinculados à informação por meio de rituais e demais práticas específicas de cada cargo na estrutura organizacional.

Ao delimitar as tarefas para cada cargo e a relação horizontal e vertical entre eles é necessário determinar o conjunto de habilidades para exercer determinada função. Cada conjunto de tarefas demanda um conjunto de conhecimentos. As competências necessárias para assumir funções administrativas, por exemplo, dependem de informação e de um comportamento que reflitam conhecimentos sobre como manejá-las.

A aquisição desse conjunto de conhecimentos consiste no objetivo da alfabetização informacional. Gómez (2000 apud Ortoll Espinet, 2004, p. 342) explica que a alfabetização informacional é a "[...] capacitação básica para manejar a informação e os recursos de informação" e Ortell Espinet (2004, p. 342) assinala que não estão restritos à atividade profissional.

Por sua vez, a competência informacional é considerada a capacitação no lugar de trabalho face ao uso de informação para a execução de tarefas (Ortoll, 2003 apud Ortoll Espinet, 2004). Portanto, trata-se de um grupo de habilidades indispensáveis e adquiridas por aqueles que se defrontam com problemas informacionais em ambientes empresariais. Assim, a competência informacional é em parte resultado de um processo de formação que ocorre no interior de um ambiente laboral, cujo propósito é tornar o indivíduo apto a trabalhar a informação a partir da percepção de valor atribuída pela cultura informacional.

Bulinge (2004), autor francês, também sugere essa relação entre a cultura informacional e as competências, separando-as de acordo com o nível de formação necessário para cada nível da estrutura organizacional.

Quadro 2: Desenvolver as competências em função das necessidades reais

Características	Nível 1 Inteligência Informacional	Nível 2 Inteligência Operacional	Nível 3 Inteligência Estratégica
Definição	Capacidade de definir uma necessidade de informação e utilizar individualmente um método e recursos de busca e de tratamento da informação.	Capacidade de utilizar um dispositivo coletivo de busca e de tratamento da informação ambiental integrada a uma atitude operacional.	Capacidade de administrar os fluxos de informação no interior da organização com o objetivo de interagir sobre o ambiente.

Público	Estudantes de primeiro ciclo e técnicos.	Estudantes de segundo ciclo e superior em tecnologia.	Estudantes de nível superior, escalões e chefes de empresas.
Objetivo	Dominar metodologias e técnicas individuais de busca e de tratamento da informação de tipo documental.	Dominar e impelir o ciclo de informação operacional no que diz respeito à segurança.	Dominar a administração estratégica de informação.
Competências	A1 – Diagnosticar e formular suas necessidades de informação. A2 – Identificar os recursos e as ferramentas necessárias. A3 – Elaborar uma estratégia de busca de informação. A4 – Efetuar e otimizar as buscas. A5 – Avaliar e selecionar os resultados da busca. A6 – Organizar e gerir a informação retida. A7 – Sintetizar a informação e integrar aos seus conhecimentos. A8 - Disseminar a informação. A9 – Organizar em dia a entrada da informação (dia anterior).	B1 – Levar em conta o ambiente estratégico da organização. B2 – Identificar e exprimir as necessidades de informação. B3 – Gerir as fontes informacionais. B4 – Gerir as fontes técnicas. B5 – Analisar e explorar a informação. B6 – Disseminar e compartilhar a informação. B7 – Diagnosticar os riscos e identificar as medidas de segurança. B8 – Organizar, estimular e dirigir uma célula de vigília.	C1 – Explorar as redes de relações. C2 – Elaborar a política geral de segurança. C3 – Utilizar uma estratégia de proteção do patrimônio. C4 – Dominar as ações ofensivas e defensivas. C5 – Utilizar uma estratégia de influência.

Fonte: Bulinge (2004, p. 38 apud Woida, 2013, p. 181).

As práticas e comportamentos que resultam da cultura informacional são vistos entre o clima organizacional e a cultura informacional.

> O clima é um grande influenciador da cultura em ambientes empresariais, um pressuposto que pode ser estendido para a cultura informacional e percebido na prática pelo comportamento em informação das pessoas. Um clima positivo gera um espaço favorável para maior comprometimento e compartilhamento de informações, enquanto que um clima desfavorável expõe a fragilidade dos valores e demais elementos da cultura. Nesse caso, o clima negativo pode demonstrar uma cultura fraca, do ponto de vista da adesão insuficiente das pessoas aos elementos culturais. (Woida, 2013, p. 133)

Cornella (1994) compreende ser papel de diretores de recursos de informação criar um clima favorável para que a cultura informacional possa desenvolver-se, e sugere que em:

> Una empresa donde no exista esta "cultura informacional" puede ahogarse tanto por falta de información como por exceso de la misma. La riqueza de la empresa, en términos de información y conocimientos, depende de que cada uno de sus miembros contribuya a obtener, procesar y distribuir información y conocimientos de calidad para la empresa, a la vez que filtra la información superflua. (Cornella, 1994)

Taylor (1990), citado por Cornella (1994), definiu a cultura informacional como sendo conhecimentos e capacidades que uma pessoa possui e que usa para atuar na sociedade atual, considerada tecnológica e rica em informação.

Cultura informacional não deve ser confundida com a cultura informática, segundo Cornella (1994), pois esta se refere à valorização do uso de tecnologias de informação e comunicação. Contudo, a cultura informacional vai além de apenas acessar as fontes de informação por intermédio de computadores, uma vez que o indivíduo precisa saber avaliar a qualidade da informação e saber como utilizá-la.

A observação de Cornella (1994) a respeito da cultura informacional merece maior discussão e tem relação com o que já foi obtido como conclusão parcial. Por que o enfoque da cultura é atribuído à informação e não à tecnologia de informação? A resposta a essa pergunta ajuda a compreender a abordagem dada por Cornella, compatível também com o que se defende no presente trabalho. A compreensão deve começar pelo fato de que a tecnologia de informação é uma ferramenta, facilitadora do fluxo de informação, do armazenamento, do acesso e recuperação. Portanto, é um meio para a informação circular ou ser registrada.

Por outro lado, a presença de ferramentas tecnológicas foi considerada como estimuladora de comportamentos de compartilhamento de informação. Assim, apesar de não comportarem o fato de serem centrais na discussão, também não podem ser consideradas insignificantes no que diz respeito à cultura informacional, uma vez que trabalham como fatores externos motivacionais. Em continuidade a essa explicação, há que se considerar que a falta de informação gera lacuna de conhecimento, conduzindo o indivíduo a se movimentar para suprir essas incertezas. Desse modo, o foco não é sobre a cultura informática, porque em seu propósito não sobressai à interpretação, o compartilhamento para a produção de conhecimento.

Segundo Taylor, citado por Cornella (1994), as habilidades e capacidades que identificam a cultura informacional em uma pessoa são:

- *Conocimiento sobre las fuentes de información existentes, ya sean formales (en algún tipo de soporte, papel o electrónico) o informales (en las mentes de las personas).*
- *Capacidad para utilizar estas fuentes, por exemplo, capacidad de obtener información de otras personas, de leer un texto, o de utilizar un ordenador para obtener, procesar y transmitir información.*
- *Habilidad para evaluar la calidad de la información (fiabilidad de las fuentes, validez y actualidad de los datos, relevancia para el problema al que deba aplicarse, etc.).*

- *Habilidad para saber identificar los problemas.*
- *Capacidad para identificar qué información se precisa para clarificar o encontrar soluciones a los problemas.*
- *Habilidad para aplicar la información obtenida a la resolución de los problemas.*
- *Habilidad para "articular, organizar y comunicar" información a los demás de la manera más apropiada a la situación.*

A comprovação da cultura informacional é verificada quando há a presença de indivíduos com competência informacional e que atuam em grupos submetidos a valores, crenças, regras e demais elementos culturais compartilhados em uma empresa.

Diferentes habilidades e capacidades são indicadas por Taylor. Na abordagem dada por esse autor percebe-se proximidade da cultura informacional com a noção de competência informacional, sendo que esta se constitui de habilidades adquiridas para trabalhar a informação. Considerando que as necessidades e a forma de trabalhar a informação mantêm relação com o contexto, logo, a relação entre a competência e a cultura informacional se torna mais evidente.

Corroborando com essa conclusão, Ortoll Espinet (2004) explica que há relação entre as competências profissionais e o uso da informação. Nesse caso, evitando equívocos entre as diversas expressões que existem na literatura, a autora busca diferenciar a alfabetização informacional, segundo ela, é compreendida como a capacitação para manejar a informação em um sentido mais amplo e, a competência informacional, reportando-se à capacitação em âmbito profissional.

Para Ortoll Espinet (2004) faz-se necessária a presença da cultura da informação na organização para planejar a formação destinada à competência informacional.

Entre os componentes da competência informacional, Ortoll Espinet (2004) separa-os em conhecimentos, habilidades e atitudes, sendo que estes são os componentes mais abstratos e formam parte da "cultura organizativa". Apesar da autora usar o termo "cultura organizativa", na verdade se refere à cultura informacional, pois expressa um contexto de valorização do trabalho com a informação. Além disso, para a formação das competências informacionais é necessário ter antes à cultura informacional.

> *Para que en una organización se pueden plantear acciones formativas en competencia informacional es necesario que dentro de la cultura organizativa (entendida como el conjunto de valores, símbolos, opiniones y maneras de pensar la misma) exista una cultura de la información manifesta. Entendemos que en una organización existe esta cultura cuando la información y los aspectos relacionados con su gestión y uso constituyen un componente habitual de la misma y se crean las condiciones y espacios necesarios para que ello ocurra.*
> (Cornella, 1999 apud Ortoll Espinet, 2004)

A autora expõe que as competências dirigidas para o saber fazer no ambiente laboral são denominadas de competências profissionais, isto é, necessárias para usar a informação no trabalho e impulsionadas por um contexto sociocultural, e para incorporar-se a esse contexto é necessário passar por um processo de alfabetização e preparação do indivíduo.

Essa relação implica em que a cultura informacional desenvolva e aplique mecanismos não apenas de inclusão de valores e crenças voltados a trabalhar a informação parcialmente ou em todo o seu ciclo, mas que proporcione maneiras de incorporação desses valores na prática laboral. Esse processo é conhecido como capacitação ou alfabetização informacional galgando a competência informacional.

Permanecendo na discussão das competências, sendo, portanto, importante para compreender as partes formadoras da cultura informacional, Vásquez Rizo e Gabalán Coello (2011) explicam como implementaram um modelo de administração do capital humano em um grupo de investigação. Buscaram fazer a avaliação do papel, das competências e de como deve ser realizada a transferência de conhecimento, propondo um modelo de cinco fases. A proposta incluiu repensar o papel e as competências acrescentando itens para obter melhor aproveitamento dos conhecimentos tácitos e explícitos do grupo, por isso associa-se o modelo à gestão do conhecimento, estendo-o também à cultura informacional, posto que tem o intuito de melhorar a interação do grupo, promovendo aproveitamento do capital humano da instituição.

Isto é, administrar o capital humano é uma forma de obter maior uso das competências e maior dinamismo na transferência de conhecimentos, seguindo as pretensões da cultura informacional.

A partir das discussões de auditoria pode-se pensar um pouco mais sobre os condicionantes da cultura informacional. Sabe-se que na auditoria voltada a uma empresa, costuma-se avaliar a estrutura e a relação de tarefas, o fluxo, o registro e o uso da informação, bem como a cultura desse ambiente interno, tudo isso visando um diagnóstico.

No marco da auditoria da informação encontram-se também trabalhos direcionados à melhora da qualidade da informação das organizações. A cultura organizacional é tratada como um dos elementos presentes na discussão sobre auditoria. Contudo, entende-se que se a auditoria informacional trata de identificar as formas de acesso, registro e de percurso na organização, é a cultura informacional e não organizacional que deve ser considerada relevante. Assim, percebe-se que os autores utilizam um termo mais amplo, mas se referem à cultura informacional, porque tratam de avaliar os processos, tarefas, cargos, recursos, pessoas e cultura envolvidos ou que interferem na informação. Serrano González e Zapata Lluch (2003) propõem que:

> *El desacierto que se produce pasa por desarrollar el sistema de información independientemente de la cultura organizativa. Una organización consta de una estructura, una cultura, una política, una comunicación y unas relaciones tanto internas como externas que la diferencian del resto.*

Serrano González e Zapata Lluch (2003) discutem a auditoria da informação como sendo o início da gestão do conhecimento. Em meio à tradicional discussão sobre o que é informação e o que é conhecimento, incluindo questões sobre o que pode ser gerenciado e como fazê-lo, os autores indicam que o uso dos sistemas de informação precisa estar alinhado à "cultura organizativa", o que pode ser considerado cultura organizacional. Entre os fatores da organização que se pode analisar com a auditoria consta conhecer o comportamento informacional, sendo que este indica a cultura da organização. Além disso, Serrano González e Zapata Lluch (2003) indicam que "[...] otra ventaja de desarrollar la auditoria será la posibilidad que nos dará de analisar hasta qué punto la cultura informacional de la organización está alineada con sus objetivos". Isto é, a auditoria fornece condições de avaliar não apenas aspectos formais, mas também as condições socioculturais que propiciam um contexto favorável aos comportamentos informacionais.

Contudo, mesmo que se trate de uma profunda e extensa avaliação sobre os aspectos que envolvem a informação, não se pode afirmar que esse tipo de auditoria também inclua investigar todas as minúcias dos aspectos da cultura inerentes à organização. Nesse caso, existe uma imprecisão em termos práticos na afirmação dos autores, pois níveis mais profundos da cultura são difíceis de diagnosticar. Moraes e Barbosa (2014, p. 133) corroboram com essa constatação e sugerem que estudos sobre os enraizamentos dos valores e crenças precisam ser estudados.

No contexto da auditoria da informação, a informação deve ser considerada em termos de seu processo de produção e uso em uma estrutura organizacional, verificando em que medida associa-se e contribui aos objetivos da organização (Soy i Aumatell, 2003). A auditoria é peça-chave para a gestão da informação, pois tanto alcança o mapeamento da informação, como também orienta sobre como usá-la. Isso ocorre tanto em escala global como em partes específicas da organização.

Toda cultura passa por mudanças. A cultura informacional precisa acompanhar alterações tecnológicas, nos processos e estratégias, conduzindo as pessoas a aceitarem e incorporarem mudanças. Nesse sentido, a auditoria da informação é fundamental como forma de diagnosticar a cultura informacional, propondo a partir do diagnóstico de mudanças.

Entre as vantagens da auditoria, constam as de curto e longo prazo, sendo que neste último destaca-se a possibilidade de mudanças organizacionais e culturais. Em relação a essa noção de auditoria, Soy i Aumatell (2003) sustenta que:

> *En la medida que la organización objeto de la auditoria sea más intensiva en uso de información, sea consciente del grado de criticidad del recurso para desarrollar su actividad o negocio y el nivel de cultura de la información sea mayor (lo que habitualmente está relacionado con el elemento anterior) la iniciativa será mucho más "vendible" y las ventajas obtenidas más evidentes.*

A auditoria da informação, em termos de mapeamento e uso adequado dos recursos informacionais disponíveis, passa por conhecer a cultura informacional presente na organização, reconhecendo o papel dessa cultura frente ao desenvolvimento do contexto sociocultural e sua função promotora de comportamentos informacionais necessários para ações de registro, acesso, localização, concentração e disseminação. Além disso, permeia a necessidade de conhecer a cultura presente para buscar mudanças, conhecer os usuários e influenciadores conhecidos como *gatekeepers* (pessoas-chave).

Para Cunha e Cavalcanti (2008, p. 282), os *gatekeepers* são pessoas-chave na organização, sendo os indivíduos aos quais os pares de trabalho costumam recorrer para obter informação, sendo importantes para a auditoria informacional porque

Influencia opiniões, restringe ou dissemina informações e facilita a adaptação cultural de diferentes formas; aglutinador de informação, catalisador de informação, guardião da informação, guardião tecnológico, nucleador de informação, sentinela tecnológico. (Cunha; Cavalcanti, 2008, p. 282)

Além da auditoria informacional, foi encontrado o papel do capital intelectual para a composição da cultura informacional. A relação entre os temas é visível quando se leva em conta que o conhecimento é um produto do intelecto humano e dos modelos mentais que conduzem a interpretação da informação, inclusive quanto à sua importância, para a construção de conhecimento. Nesse sentido, o cognitivismo aposta em um usuário inserido num modelo de mundo que influencia o processamento mental da informação, isto é, existe um conjunto de categorias que moldam e fazem a mediação da recepção da informação pelo usuário. Gomez (2002, p. 29) cita De Mey (apud Wersig, 1985, p. 11), para afirmar que:

> [...] qualquer processamento de informação, seja perceptivo ou simbólico, é mediado por um sistema de categorias ou conceitos, os quais (...) são um modelo de seu mundo". Em outras palavras, "[...] o conhecimento não tem como momento inicial um sujeito oco, que recebe a informação como uma externalidade pré-constituída [...]. (Gomez, 2002, p. 29)

O capital intelectual é o conjunto de conhecimentos que uma organização ou empresa possuem, o qual pode considerar que as pessoas não são apenas um suporte para esse conhecimento, mas produtoras de conhecimento contextualizado. Assim, a gestão do conhecimento trata diretamente de discutir os processos de transformação, repasse e incorporação do conjunto de conhecimentos considerado recurso importante e valioso; enquanto a gestão da informação centra-se no estudo dos fluxos informacionais, no registro da informação e no acesso a ela.

Modelos de gestão do conhecimento, da gestão da informação e da inteligência competitiva propuseram-se a investigar a criação de conhecimento nas organizações a partir do acesso, disseminação e uso da informação. Urbina Criado (2003) menciona a cultura da informação, considerada neste texto equivalente à cultura informacional, no contexto de discussão sobre capital intelectual e explica que este é fonte de vantagem competitiva, supondo vínculo com a gestão do conhecimento. Segue o que se considera como mais comum: dos dados pode-se criar informação e, destes, pode-se gerar conhecimento individual, que por sua vez, transforma-se em conhecimento organizacional. A autora cita Martín Mejía (1998) para elucidar que:

> *El mapa de gestión documental es una herramienta de uso público, que suele integrarse en la intranet corporativa y contribuye a la creación de una cultura de la información compartida, pues permite identificar los focos que contienen concocimiento explícito dentro de la organización, convirtiéndose así en la base para programar una transición hacia un entorno de información electrónica integrada.*

Associada à discussão do capital intelectual, constam os mapas mentais e a gestão do conhecimento. Alòs Moner (2003) elucida sobre os mapas mentais do conhecimento nas organizações. Para esta autora, um dos pontos importantes sobre o conhecimento nas organizações, no que diz respeito à sua produção, compartilhamento e uso, é que a cultura da empresa deve estar preparada para mudar, porque a gestão do conhecimento está associada à gestão dos trabalhadores, à sua motivação e ao comprometimento. Apesar de a autora utilizar o termo cultura da empresa, entende-se se tratar da cultura informacional.

> *Los motivos son siempre los mismos, la historia se repite: o bien la dirección de las empresas no ha sabido ver la importância de*

compartir el conocimiento y, por tanto, no ha creado la cultura necesaria ni tampoco se ha potenciado, o bien las personas que deben aportar lo que sabem, no lo hacen o no lo realizan de manera sistemática. (Alòs Moner, 2003)

Alòs Moner (2003) afirma que por causa da cultura presente na empresa e refletida no comportamento dos dirigentes e dos funcionários, o conhecimento acaba não sendo compartilhado. Entende-se que se a cultura instalada e compartilhada não valoriza e não possui crenças que visam compartilhamento de informação, de construção de conhecimento com rituais que demonstrem esses valores e crenças, essa cultura não pode receber a denominação de cultura informacional. Porém, para se considerar uma cultura como informacional, nem sempre é necessário que esta reproduza todos os comportamentos informacionais e que todas as pessoas possuam competência informacional em todos os níveis da estrutura hierárquica.

Diante dessa constatação, Alòs Moner (2003) conclui que a cultura organizacional, entendida como cultura informacional no presente trabalho, é um elemento central e, por isso, deve receber atenção especialmente por que a mudança é necessária e constante. Apesar de não usar o termo cultura informacional, situa a discussão no mesmo contexto, em que as pessoas atuam em processos de trato da informação, que produzem e compartilham conhecimento por intermédio de modelos, como ocorre com a gestão do conhecimento, como mencionado anteriormente.

Las líneas de actuación de futuro deberían, pues, ir dirigidas más a cambios de cultura organizacional que a implementaciones tecnológicas. La cultura de la empresa y sobre todo el liderazgo claro de la dirección y la implicación de cada uno de sus trabajadores, el es elemento clave. (Alòs Moner, 2003)

Assim, sustenta-se que para criar capital intelectual deve-se, sobretudo, promover um tipo específico de cultura norteado pela liderança. Essa cultura é a informacional, responsável por criar as condições socioculturais a partir de valores e crenças, levados à prática laboral dos indivíduos em relação à especificação do que deve ser feito no trato da informação e como proceder com relação à construção de conhecimento, sendo que este é reconhecido como um recurso fundamental para as atividades da organização e dependente das pessoas. Como explicado anteriormente, o conhecimento é condicionado pelo contexto das pessoas, de forma que esse recurso é um produto construído por um indivíduo visando atender às necessidades da organização.

Relacionados ao capital intelectual devem-se incluir na cultura informacional o papel da gestão dos fluxos de informação. Os fluxos de informação percorrem a estrutura organizacional em diferentes direções, com a finalidade de resolver problemas e tarefas. Valentim (2009) explica que os fluxos informacionais estão submetidos aos ambientes informacionais referentes a cada nível da estrutura organizacional. Assim, os conteúdos dos fluxos de informação apresentam distinções porque cada nível necessita de um tipo de informações específico.

A estrutura organizacional é formada em parte por uma parcela planejada e instituída formalmente, mas por outro lado, existe uma parte importante e que se refere à estrutura social e cultural, denominada de estrutura informal. Ambas alcançam efeitos sobre a maneira como os problemas são resolvidos e conduzidos. Assim, se a estrutura organizacional e seus níveis possuem influência sobre os fluxos de informação porque formam ambientes distintos dentro de uma organização, a cultura informacional ganha a mesma conotação, sendo que emerge da estrutura organizacional formalizada, e, portanto, das tarefas instituídas formalmente para cada cargo e para cada nível dessa estrutura.

No que diz respeito à participação da cultura nos fluxos de informação em ambientes empresariais, Valentim (2009, p. 56) assinala que:

> *La cultura y la comunicación organizacional proporcionan la dinámica necesaria a los flujos de información. Por lo tanto, los ambientes influencian demasiado esa dinámica, ya que cada entorno tiene su propia cultura organizacional (subcultura) y forma de comunicación.*

Com isso, a autora sugere que a cultura organizacional de um ambiente influi na gestão dos fluxos de informação, dado que tais fluxos reproduzem as características do modelo de organização instalado.

No entanto, apesar de Valentim (2009) se referir à cultura organizacional como influente sobre os fluxos de informação, percebe-se que este ponto requer maior reflexão. Isso porque, a cultura organizacional pode influir nos fluxos de informação, mas de uma maneira menos específica como requer o trato da informação. Ao especificar, descrever e definir em cada cargo e em cada parte da estrutura organizacional as competências informacionais necessárias para manejar a informação, estar-se-á criando condições para o fluxo informacional por meio da valorização de atividades e comportamentos diretamente vinculados à cultura informacional.

Resgatar e preservar a cultura organizacional por meio de interferência nos fluxos informacionais realizados pela gestão do conhecimento mostra-se importante para construir conhecimento e tomar decisão. Sobre isso, García e Fadel (2010, p. 215) propõem como solução para preservar a cultura organizacional realizar interferência nos fluxos de informação, uma vez que os elementos dessa cultura podem ser transmitidos entre gerações. Além disso, outro fator que os autores consideram importante para resgatar e preservar a cultura são os mecanismos que permitem registrar e manter o conhecimento organizacional.

Nesse caso, torna-se importante assinalar que a cultura informacional se localiza internamente à cultura organizacional no conceito defendido no presente trabalho. Assim, apesar de García e Fadel se referirem à cultura organizacional, toma-se que as afirmações desses autores contribuem para a compreensão de cultura informacional, uma vez que mencionam um esforço de preservação da cultura por intermédio da transferência de informações. Dessa forma, não compreendem o fluxo informacional como apenas um meio com informações em circulação, mas também como um meio usado para repassar informações que ajudem a preservar os constructos mais importantes e reveladores da identidade e da forma de pensar do grupo.

Assim, a cultura organizacional e as culturas que ali emergem, como a informacional, são construídas para tornar o ambiente laboral do grupo passível de ser compreendido. Contudo, a construção da cultura informacional requer esforço por meio do processo de inserção e treinamento de pessoas, uma vez que parte das competências é adquirida nessa construção de conhecimento que se alimenta do fluxo de informação formal e informal, presentes na organização. Assim, García e Fadel ajudam a construir a noção de cultura informacional ao incorporar a necessidade constante que esta tem de utilizar a informação que perpassa toda a organização para reforçar e repassar seus valores e crenças.

No que diz respeito ao estudo do comportamento organizacional, este recebe foco em três níveis: o individual, o grupal e o organizacional (Robbins, 2007). Assim, a gestão da informação pessoal é tema localizado no nível de análise individual que se aproxima da cultura informacional porque apresenta elementos como a informação, a tecnologia e os comportamentos informacionais necessários e efetivados no trato com a informação.

Tramullas, Sánchez Casabón e Garrido Picazo (2009) discorrem sobre a gestão da informação pessoal (PIM, sigla em inglês), o que implica ter um ponto de vista sobre o indivíduo e seu comportamento. Também está presente na PIM aspectos da recuperação da informação da organização, das tecnologias de informação e da mediação que estas proporcionam. Centra a discussão sobre os *softwares* que são utilizados e que estes não condizem com os comportamentos dos usuários, cujas consequências são a desintermediação no acesso e a ausência da gestão da informação. Isto é, o estudo da gestão da informação pessoal faz um vínculo com o que propõe a auditoria da informação e parte do que se defendem em termos de detalhamento e especificidade na descrição não apenas das necessidades informacionais e tecnológicas, mas também de uma análise e descrição das tarefas dos indivíduos. Defende-se que desse modo, a hipótese levantada indica que um estudo das necessidades informacionais depende do conhecimento que se tem dos detalhes do cargo presente em uma estrutura organizacional.

A PIM é compreendida como o conjunto de atividades que o indivíduo realiza no trato da informação com a ajuda de *software* para aquisição, organização, manutenção e recuperação (Bordman, 2004 apud Tramullas; Sánchez Casabón; Garrido Picazo, 2009) somado ao entorno cognitivo do usuário (Bruce, 2005 apud Tramullas; Sánchez Casabón; Garrido Picazo, 2009). Como já afirmado anteriormente ao fazer referência a Dorner, Gorman e Calvert (2015), o entorno é determinante para a construção de conhecimento porque direciona e limita também os interesses do indivíduo, por isso, há necessidade de uma cultura que se revele voltada à informação e que possa conduzir as atividades que o indivíduo realiza em relação à informação.

Gwizdka e Chignell (2007), citado por Tramullas, Sánchez Casabón e Garrido Picazo (2009) explicam que se deve analisar o contexto de tarefas e o meio ambiente para posteriormente analisar o grupo e os indivíduos, isso porque o comportamento informacional costuma refletir o contexto sociocultural. Porém, os autores assinalam que os *softwares* não oferecem uma solução global sobre os problemas de integração da informação, bem como sobre como realizar mapas mentais ou gerir a informação adequadamente. Dessa forma, os autores observam as tecnologias como ferramentas e não como fim para os modelos de gestão da informação e do conhecimento. Além disso, retomam a presença do entorno como um fator a ser considerado. Desse modo, a cultura informacional, considerada parte deste entorno, é um ponto de referência para compreender, inclusive que as ferramentas tecnológicas são limitadas em termos de aplicação, uma vez que as pessoas norteadas por certos valores, crenças e questões determinadas pela estrutura organizacional somam-se para solucionar os problemas de integração da informação.

Relacionado ao fluxo de informação, deve-se inserir na discussão a gestão da informação que também aparece no *corpus* investigado fazendo menção à cultura informacional. Até o momento, fez-se referência constante à necessária presença de valores e crenças voltados ao manejo da informação e que se transformam em comportamentos informacionais. A relação entre a gestão da informação e a cultura informacional não se distancia dessa afirmação. Considerando que para realizar a gestão da informação é necessário ter ao menos os seguintes elementos: pessoas, informação e ferramentas que permitam realizar a gestão da informação registrada em relação ao armazenamento, recuperação, acesso e disseminação. Semelhante constatação aparece em Souza, Dias e Nassif (2011, p. 56), porém, de uma forma mais generalista tecem considerações a respeito da cultura organizacional, assumindo-a como capaz de fornecer condições para os comportamentos que são necessários à gestão da informação e à gestão do conhecimento.

A gestão da informação é considerada como um fenômeno complexo, pois envolve a presença de pessoas, sendo necessário para pesquisá-lo o emprego de diferentes técnicas de coleta e análise, o que Moraes e Fadel (2008) denominaram de triangulação. No contexto de discussão da gestão da informação, as autoras afirmam que:

Para se fazer a Gestão da Informação de uma organização há a necessidade de: um domínio dos diferentes tipos de informações que se manejam na organização, a dinâmica de seus fluxos (representados em diversos processos que transitam em cada informação); o ciclo de vida de cada informação (incluída a gestão de geração da informação, onde quer que ela ocorra); e o conhecimento das pessoas sobre o manejo da informação e da sua cultura informacional.

Apesar da menção ao termo, as autoras Moraes e Fadel (2008) não definem o que compreendem por cultura informacional. Mesmo assim, nota-se que as autoras afirmam ser necessário ter conhecimentos sobre a cultura informacional, entre outros aspectos, para fazer a gestão da informação. Para elucidar melhor essa relação entre cultura informacional e gestão da informação, empresta-se de Souza, Dias e Nassif (2011) a seguinte explicação:

> A cultura organizacional compreende o conjunto geral de valores, todavia, no processo de gestão da informação e do conhecimento dois [sic], componentes específicos podem ser considerados como essenciais: a cultura de aprendizagem e a cultura de compartilhamento de conhecimento. A cultura de aprendizagem está na base do desenvolvimento das competências em informação e conhecimento, e a cultura de compartilhamento está na base da composição de inteligentes coletivos. (Souza; Dias; Nassif, 2011, p. 65)

Dessa forma, a cultura informacional engloba tanto a cultura de aprendizagem como a de compartilhamento de conhecimento.

No que diz respeito à abordagem da gestão dentro da Ciência da Informação, é patente a necessidade de adaptação das teorias advindas da Administração. Exemplos disso estão no uso de teorias de Marketing, de Recursos Humanos, de Organização de Sistemas e Métodos, mas também de Comportamento Organizacional, sendo neste mais evidente a necessidade de conhecer fenômenos tais como a influência da vadiagem social e do contrato psicológico nos fluxos de informação e na mediação da informação.

Nesse sentido, pretendendo criar um conceito apropriado para a área, Cornella (2000) propôs o neologismo infonomista. O gestor da informação, tratado por Cornella (2000) como infonomista, possui seis perfis: veiculador de informação externa, editor, organizador da informação interna, *dinamizador da cultura informacional*, gestor do conhecimento, gestor do capital intelectual. Quanto a ser dinamizador, o autor supõe que:

> [...] *la rentabilización de la inversión en nuevas tecnologías pasa por el establecimiento de una cultura de la información en la empresa. Y debe llevar a cabo este proceso entre sus compañeros el próprio gestor: dar a conocer las fuentes, formar en su utilización, descubrir cómo se pueden aplicar en la resolución de problemas o en la toma de decisiones, etc.*

Isto é, o dinamizador assume o papel de *gatekeeper*, algo que parece emergir como fundamental, não como fundador da cultura informacional, mas como ator necessário para promover a inserção das pessoas e a continuidade dos padrões comportamentais voltados à informação, como também determinados pelo investimento dado à tecnologia. Além disso, extrai-se dessa afirmativa de Cornella (2000) que a cultura da informação, entendida como cultura informacional, pode ser estabelecida, o que quer dizer que ela pode ser planejada, estruturada e implantada de acordo com as necessidades da empresa. Assim, pode-se deduzir também que pode ser modificada para se adequar aos objetivos da organização.

A mudança cultural é fundamental e deve constar como a maior parte do trabalho de um gestor do conhecimento, uma vez que uma de suas funções é criar um ambiente social apto para a aplicação deste tipo de gestão voltado à criação e compartilhamento de conhecimento. Além disso, como assinalam Claver Cortés, Llopis Taverner, González Ramíres (2000), é necessário pensar em uma mudança da cultura informática para uma cultura informacional, ou seja, uma transformação da cultura apenas baseada no uso de tecnologias de informação para uma cultura que inclui tais tecnologias com o propósito de fazê-las contribuir para um sistema de informação, que ao final, obtém informações valiosas para tomada de decisão.

Por fim, ressalta-se que, entre os fatores apontados como necessários para tomar conhecimento, com o intuito de conduzir a implantação tanto da gestão da informação como da gestão do conhecimento, consta a cultura informacional, uma vez que ela é capaz de influenciar a forma como a informação é percebida e tratada. Isto é, entre as estratégias para a gestão da informação e do conhecimento, Bustelo Ruesta e García Morales Huidobro (2000) ressaltam que é necessário conhecer os elementos que influem diretamente na informação, entre os quais, as autoras mencionam a cultura informacional, os documentos, os sistemas informáticos etc.

Por outro lado, a ciência da informação vai além de se preocupar com a informação registrada, incorporando o acesso, a produção e a disseminação do conhecimento nas empresas, isso porque, como assinalado a respeito da inovação, o conhecimento é um recurso indispensável para promover mudanças ou criar novos produtos, serviços e processos. Assim, não se trata apenas de fazer a gestão de conteúdos e mídias, trata-se de incluir as pessoas no processo de planejar, organizar, dirigir e controlar os comportamentos e resultados por intermédio da cultura informacional.

Do ponto de vista de Wilson (2006, p. 54):

> Entende-se por gestão da informação a gestão do ciclo de vida até o ponto da entrega da informação para o usuário. O que acontece depois depende de muitos fatores, tais como o clima organizacional, os sistemas de recompensa, a cultura organizacional e assim por diante – todos fora do controle do gestor da informação. O foco da gestão do conhecimento reside na aplicação efetiva do que se conhece na organização

para assegurar o seu desenvolvimento e sobrevivência. Não existe gestão do conhecimento, uma vez que o conhecimento reside nas pessoas. O que pode ser feito é tentar gerenciar a organização de modo a assegurar que o desenvolvimento da aprendizagem e das habilidades seja encorajado e que a cultura organizacional promova o compartilhamento da informação. Estas são as tarefas maiores, e todas elas, certamente, estão fora do escopo da gestão da informação.

A afirmação de Wilson (2006) apresenta uma definição não consensual sobre o que é a gestão do conhecimento. Levanta dúvidas sobre algumas das certezas sobre a gestão do conhecimento, inclusive invalidando a sua própria existência, uma vez que o conhecimento em si não pode ser gerenciado porque está nas pessoas. Isto é, não são recursos externos às pessoas e por isso não podem ser registrados, e por extensão, impossibilitam sua gestão. Por outro lado, apresenta outro ponto polêmico ao considerar que o clima e a cultura da organização não são parte do escopo de controle do gestor da informação. Porém, assinala em continuidade a essa ideia que a gestão do conhecimento é realizada ao promover a aprendizagem e habilidades estimuladas pela presença de uma cultura organizacional voltada ao compartilhamento. Assim, deduz-se que Wilson (2006) apresenta uma definição bastante relevante ao fundamentar que para fazer a gestão do conhecimento é necessário fazer gestão da organização e buscar apoio em uma cultura organizacional propícia para o ato de compartilhar, a qual é denominada no presente trabalho de cultura informacional.

Assim, no que concerne à gestão do conhecimento, a cultura informacional é fator representativo, pois centra a gestão nas pessoas, no comportamento e no conhecimento (Ángel Del Saz, 2001; Tapial Arregui, 2003; Esteban Navarro; Navarro Bonilla, 2003; Miranda, 2006; Davenport; Prusak, 1998), as quais terão seu comportamento guiado por meio de estímulos que conduzirão a sua expressão (reprodução na prática). Ou conforme explica Weick (1973, p. 27):

[...] comportamento é comportamento, e embora sua forma possa ser modelada pelo ambiente específico em que se desenvolve, ainda se desenvolve com certo grau de ordenação, regularidade e previsibilidade. Em vez de procurar comportamentos singulares que ocorrem dentro de uma organização, e depois construir uma teoria sobre sua singularidade, parece mais útil construir teorias a respeito das maneiras específicas pelas quais as disposições duradouras dos indivíduos se exprimem num ambiente de organização, e a respeito dos efeitos dessa expressão.

Portanto, a cultura informacional diz respeito à maneira como as pessoas se comportam em relação à informação, padrões que podem ser reproduzidos em diferentes organizações e que não dependem unicamente dos padrões da cultura organizacional para se manifestarem.

Mantín Mejía (2006) estabelece a cultura da empresa como um dos fatores importantes na implantação de um programa de gestão do conhecimento. Torna-se impossível a implantação de um programa como esse sem recorrer às mudanças, tanto na estrutura como na própria cultura da organização. Tal como mencionado anteriormente, a cultura da empresa também conhecida como cultura organizacional, trata dos padrões mais gerais, enquanto a cultura informacional é uma subcultura que vincula seus interesses à informação. Dessa forma, Martín Mejía (2006) incorre no mesmo uso dado por Wilson (2006), sendo que na verdade se refere à cultura informacional.

As falhas produzidas na implementação dos sistemas de gestão do conhecimento são discutidas por Pinto Prieto, Becerra Ardila e Gómez Flórez (2012). Os resultados obtidos pelos autores mostraram que as tecnologias de informação concentram a maior parte das preocupações do tema. Isso traduz o quão limitado é o tratamento que ganha o tema, posto que os comportamentos, a aceitação das tecnologias e outros mais sofrem isolamento. Na proposta dos autores é importante considerar uma visão holística e sistêmica, assumindo o paradigma perspectivista de acordo com Checkland (1993 apud Pinto Prieto; Becerra Ardila; Gómez Flórez, 2012).

A adoção de TICs para a gestão do conhecimento também sugere que o fator humano, imerso em um padrão cultural, constitui-se como o principal obstáculo. Dessa forma, armazenar conhecimento é algo que necessita ser colocado no mesmo plano de importância dos atores envolvidos na produção e no armazenamento. Isto é, em uma definição mais completa de cultura informacional para as organizações hodiernas, é importante incluir, além das pessoas e da informação, a tecnologia de informação e comunicação que permite um sistema de informação funcionar para a tomada de decisão.

Claver Cortés, Llopis Taverner, González Ramíres (2000) explicam que a cultura informacional é um tipo específico de cultura, isto é, uma subcultura na qual a tecnologia de informação "[...] puede ser la base de la construcción de un SI (sitema de información) que permita tomar decisiones correctas (cultura informacional)". Com base no discorrido, pode-se concluir que a gestão do conhecimento também necessita usar tecnologias de informação e comunicação, como explica Pérez Montoro Gutiérrez (2006) quando indica que na fase de implementação de um programa de gestão do conhecimento decide-se quais ferramentas tecnológicas são mais apropriadas.

Modelos de gestão baseados no conhecimento incluem atividades ou processos, com elementos explicitamente humanos, os quais Forés (2010), referenciado por Pinto Prieto, Becerra Ardila e Gómez Flórez (2012, p. 269), destaca como principais modelos:

- *crecimiento de conocimiento* (Kogut; Zander, 1992);
- *espiral de creación de conocimiento* (Nonaka; Takeuchi, 1995);
- *transferencia y transformación de conocimiento* (Hedlund; Nonaka, 1993; Hedlund, 1994);
- *aprendizaje* (Leonard-Barton, 1995);
- *las 4-i aprendizaje organizativo* (Crossan; Lane; White, 1999);
- *cinco ciclos de aprendizaje* (Sánchez, 2001);
- *ciclo evolutivo del conocimiento* (Zollo; Winter, 2002).

Tais modelos se assentam na perspectiva sociocultural, indicando a necessidade de uma cultura voltada à aprendizagem e ao compartilhamento como sugerem Alves e Barbosa (2010). E como já assinalado, ambas se referem à cultura informacional, porque esta busca desenvolver a aprendizagem e o compartilhamento.

Entre os facilitadores para a gestão do conhecimento, Pinto Prieto, Becerra Ardila e Gómez Flórez (2012, p. 270) concluíram que as tecnologias de informação e comunicação são importantes, uma vez que tanto a comunicação como o fluxo de informação são beneficiados diretos do uso correto das ferramentas e aparatos tecnológicos. Porém, identificaram que apesar de toda a facilidade e melhoria, as TICs ainda não representam a solução para todos os problemas no gerenciamento do conhecimento, visto que o fator humano, envolto em um ambiente sociocultural, costuma apresentar-se como empecilho. Isso quer dizer que parte do que se pode considerar problema de funcionamento na gestão do conhecimento se associa a problemas comportamentais e à cultura instalada. A ausência de uma cultura informacional acarreta a ausência de valores e de crenças adequados para a aprendizagem e para o compartilhamento, sendo que, além disso, o comportamento das pessoas pode apresentar resistência e barreiras comunicacionais decorrentes de uma percepção inadequada sobre o manejo da informação.

Desta maneira, Pinto Prieto, Becerra Ardila e Gómez Flórez (2012, p. 270) justificaram que a mudança de comportamento mostra-se, nas investigações feitas sobre a gestão do conhecimento, como uma das grandes dificuldades a enfrentar. Os autores chamaram atenção para a importância da cultura organizativa, que no padrão defendido no presente trabalho se trata da cultura informacional, e sugeriram que esta é o maior impedimento para a transferência de conhecimento. Supõe-se que essa consideração só pode ser traçada quando a cultura informacional não apresenta valores e crenças que sugiram o manejo da informação.

Sugerindo a necessidade da presença de uma cultura de intercâmbio de conhecimento, que para o presente trabalho significa o mesmo que cultura informacional, porque preza pelo movimento de conhecimento entre pessoas da organização, Robertz (2000), citado por Pinto Prieto, Becerra Ardila e Gómez Flórez (2012, p. 270), explica que "La tecnología existente no puede ser un sustituto completo del contato cara a cara, que es crucial para la construcción de una cultura de intercambio de conocimientos".

Assim, as TICs podem não cumprir com integralidade o papel de facilitadoras na transferência de conhecimento, uma vez que a própria cultura instalada ainda impõe importantes barreiras sobre a transferência. Os autores destacam a necessidade do contato cara a cara, o que significa que a inter-relação entre as pessoas é necessária para que a cultura informacional, ou denominada pelos autores de cultura de intercâmbio, possa existir (Fahey; Prusak, 1998 apud Pinto Prieto; Becerra Ardila; Gómez Flórez, 2012, p. 270).

As soluções para barreiras ou empecilhos a uma cultura informacional aplicada à gestão do conhecimento, passam por aplicar técnicas motivacionais de incentivo à participação. Assim, não parece ser suficiente que essa cultura seja planejada e incluída formalmente nas tarefas e comportamentos requeridos para cumpri-las, bem como, não deve se restringir às competências informacionais necessárias para ocupar um cargo. Por isso, assinala-se a necessidade da aplicação de maneiras para atrair a atenção e o comprometimento das pessoas.

Diante dos problemas e empecilhos culturais e comportamentais envolvendo a gestão do conhecimento, Pinto Prieto, Becerra Ardila y Gómez Flórez (2012, p. 271) expõem um método que inclui soluções técnicas, processuais e humanas, denominando-o de metodologia de sistemas suaves ou "*blandos*" (MSB), cujo objetivo é "[...] definir la transformación de una organización mediante el debate y el acuerdo entre los actores involucrados", de forma que se trata de uma metodologia de enfoque sistêmico. Trata-se de um método de inclusão quando a intenção é promover mudanças na organização. Tal inclusão se dá na forma de acordos, ou de participação. Assim, essa metodologia pode ser aplicada para transformar uma cultura instalada em uma cultura informacional, porque inclui a participação dos envolvidos, construindo objetivos, estratégias e práticas viáveis e favoráveis aos valores e crenças necessários para o manejo da informação.

Em relação ao que constitui objetivos da gestão do conhecimento, Sánchez Nistal em Mesa redonda (1999) sugeriu que se trata de fomentar um ambiente propício para ter acesso ao conhecimento, assim como realizar a sua transmissão entre as pessoas, o que significa realizar uma mudança na cultura da empresa. Contudo, a intenção não precisa ser mudar a cultura total da organização, mas criar uma subcultura responsável pelo trato da informação, denominada no presente trabalho de cultura informacional.

Na mesma Mesa redonda (1999), Martín Mejías ressalta o problema que envolve a colaboração entre as pessoas e afirma que

> *El problema que hay que salvar es el de la colaboración del personal. Ahí es donde se producen los fracasos. Cuando hacemos un proyecto para una empresa que viene a consultarnos nuestra pregunta clave es: conseguimos el apoyo del personal?*

Nesse caso, e como comentado anteriormente, o apoio, colaboração ou comprometimento pode ser conseguido de diferentes maneiras, entre elas o uso dos sistemas suaves ou "*blandos*", indicando a participação direta dos envolvidos na mudança da organização. A pergunta proposta por Martín Mejía é bastante clara sobre parte dos problemas envolvidos com a gestão do conhecimento, os quais são, sobretudo, vinculados à cultura e ao comportamento.

Centrando a discussão sobre a cultura dos dirigentes, Sánchez Nistal em Mesa redonda (1999) explicou que estes acreditam que a informação advinda do próprio nível hierárquico é mais significativa que a informação das camadas hierárquicas mais baixas. Entende-se por "cultura dos dirigentes" a cultura localizada apenas nesse nível da hierarquia, não compartilhada com os subordinados. Da maneira como coloca Sánchez Nistal, trata-se de uma cultura oposta à cultura informacional, uma vez que desconsidera parte das informações que percorrem os fluxos de informação dirigidos aos superiores. Considerando que os empregados também possuem pouca disposição para colaborar e transmitir conhecimentos, o autor propõe como estratégias que os dirigentes busquem um "*enemigo externo común*", bem como se deve retribuir com contrapartidas financeiras sobre a colaboração efetuada pelo empregado. Tais estratégias constituem-se importantes para modificar crenças negativas sobre o compartilhamento de informação. Nesse caso, sabe-se que o papel das crenças para a cultura informacional é imprescindível, porque representa o que é considerado verdade para aqueles que fazem parte da cultura.

Nesse caso, desconsiderar parte desse fluxo de informações conduz à verdade inquestionável de que os subordinados não precisam compartilhar informações com os superiores, pois estas não são valorizadas. Por isso, é considerada uma crença negativa, porque se mostra contrária à cultura informacional. Dessa forma, as crenças que são construídas nessa vivência passam a ser parte da visão de mundo do grupo, por isso sua construção é ponto importante para a cultura informacional. As crenças corretas fornecem uma visão de mundo adequada sobre como proceder em relação à informação.

As bases teóricas da discussão da gestão do conhecimento também foram discutidas em Mesa redonda (1999) por Rodríguez Rovira, entre as quais ressalta que:

> [...] *nuevas teorías de recursos humanos (teoría empresarial sobre el personal que apuesta más por la creatividad y por la participación activa); nuevas tecnologías de la información, que constituyen quizá la forma externa más visible.*

Dessa forma, em tais bases fica evidente que a gestão do conhecimento mostra identificação com teorias voltadas a discutir a criatividade e a participação das pessoas, além é claro das tecnologias de informação. Assim, a busca pela criatividade e pela participação consiste em um processo de identificação com os valores da organização, responsáveis por fornecer uma visão do que é importante. Ser criativo e participativo é importante, porque a construção de conhecimento e comprometimento necessários para atuar nos fluxos de informação depende disso.

Tomando como base a ideia de que a gestão do conhecimento trata de aspectos comportamentais e de um recurso (conhecimento) produzido essencialmente pelas pessoas, a tendência é perceber essa gestão do conhecimento a partir de percepções sociais e culturais. Por isso, parte dos problemas que dizem respeito à gestão do conhecimento está compreendida na cultura informacional. Nesse caso, a gestão do conhecimento usa noções da cultura informacional para estabelecer padrões esperados de comportamentos, os quais deveriam emergir em determinadas condições socioculturais presentes em uma organização/empresa. Condições que conduzem a internalizar o que se considera como importante e como verdade sobre a informação, passando a perceber e praticar essa verdade.

A gestão do conhecimento possui prós e contras de acordo com Ángel del Saz (2001). Entre as afirmações que o autor empresta de Davenport para explicar os objetivos da gestão do conhecimento, destaca-se que trata da necessidade de melhorar o ambiente de conhecimento (de sua produção e uso). Também menciona a necessidade de incentivar as pessoas a compartilharem conhecimento e que os fatores desfavoráveis à gestão do conhecimento envolvem desde a inexistência ou planejamento insuficiente do trabalho e da estrutura da organização, como semelhante postura sobre a ausência de incentivos e mecanismos para combater comportamentos de acumulação de poder, de informação e de conhecimento.

Ainda de acordo com Ángel del Saz (2001), a gestão do conhecimento pode ter a comunicação e a colaboração desencorajadas pelo uso indevido do poder, uma vez caracterizado como autoritário. Isto é, um uso inadequado de poder pode conduzir à falta de comunicação e à falta de colaboração das pessoas. Porém, sabe-se que no comportamento organizacional, o poder é descrito quanto às fontes ou às bases que o constituem, as táticas usadas para conseguir poder e o direcionamento que a ele pode ser dado. São muitas as táticas e usos do poder, as quais não podem ser desprezadas. Por exemplo, o uso do poder hierárquico, formal ou legítimo tem sua utilidade e necessidade dependendo do tipo de subordinados e do tipo de estrutura organizacional adotada, assim como o uso de um poder baseado em punições e coerções e oferta de contrapartidas também tem um uso específico.

Por isso, uma discussão sobre a cultura informacional deve incluir também as questões de poder, uma vez que parte das bases do poder é conseguida a partir da convivência social, ou dos próprios conflitos, como recobra Robbins (2007). Além disso, este mesmo autor explica que o poder de informação, considerado um tipo bastante específico e relevante para a presente discussão, é aquele que "[...] emana do acesso e do controle sobre a informação", um elo com o tema dos *gatekeepers* e com a cultura informacional. Desse modo, a discussão sobre a influência efetiva do poder sobre a gestão do conhecimento passa por compreender quais são suas bases formais, pessoais ou socioculturais.

Entretanto, é necessário acrescentar que, o presente trabalho não tem como proposta analisar se conceitos advindos da Administração e que foram incorporados à teoria e à prática da Biblioteconomia, Documentação e Ciência da Informação, são descaracterizados ou sofrem algum tipo de uso incorreto. Entre os termos, pode-se mencionar o poder. Percebe-se que são utilizados de maneira imprecisa, aproximando-se do senso comum em muitos dos usos. O uso de conceitos como equipe, autoritarismo, poder, liderança, entre outros e que constituem parte da cultura de uma organização, por exemplo, deve ser feito recobrando as críticas sobre eles, tal como apresentam Hitt, Miller e Collela (2007).

Seguindo essa mesma linha de entendimento sobre o uso de alguns conceitos, a gestão do conhecimento pode incluir a necessidade do trabalho em equipe. Contudo, mesmo que a gestão do conhecimento exija compartilhamento e colaboração, não significa necessariamente que dependa de um trabalho em equipe. Por outro lado, acredita-se que o que transparece nos comportamentos e relações sociais da organização decorre da cultura presente, porém, não de forma exclusiva, podendo levar à formação de equipes se assim for necessário.

> *La falta de confianza se relaciona con la cultura empresarial imperante y sólo podrá vencerse en ambientes abiertos, con buenas relaciones interpersonales, con buen trabajo en equipo y espíritu de colaboración, y en los que se realce que los éxitos empresariales se deben a la buena compenetración del equipo y a su actuación como tal.* (Ángel del Saz, 2001)

A cultura empresarial mencionada por Ángel del Saz, é, em realidade, a cultura informacional. Essa afirmação pode ser feita ao destacar a menção à necessidade de colaboração, de um trabalho com responsabilidades, tarefas e competências complementares (trabalho em equipe) e relações pessoais que demonstrem coesão e relacionamento entre as pessoas.

Entre os fatores considerados favoráveis por Ángel del Saz (2001) à gestão do conhecimento constam: medições apropriadas, cultura racional, visão estratégica, gestão da informação, tecnologia informática, auditoria, cultura informática, entre outros. Quanto à cultura necessária para efetivar a gestão do conhecimento, o autor assinala que esta deve fornecer adaptação à dinâmica de mudança frequente, mais uma das características essenciais da cultura informacional.

> *Hoy día ninguna organización puede subsistir sin el uso de la informática y su necesaria renovación dado el cambio incesante al que están sometidos tanto el hardware como el software. Ello implica tener una mentalidad (cultura organizacional) de adaptación a los nuevos tiempos, mercados, productos y tecnologías, que obligan a modificar con mucha rapidez y frencuencia los métodos de trabajo individuales y colectivos. Se debe tener ya el hábito de aceptación del cambio periódico y someterse a formación permanente. Estas reglas deben aplicarse a la cultura informática que tiene que imperar en una empresa.*
> (Ángel del Saz, 2001)

Contudo, faz-se necessário discorrer um pouco mais sobre o que expressa o autor sobre a cultura informática, que trata, sobretudo, de valorizar a aquisição e o uso de ferramentas tecnológicas. Se por um lado existe referência a uma cultura organizacional mais geral, por outro, há a preocupação de destacar a necessidade de hábitos de mudança e de formação na cultura informática. Entretanto, a cultura informacional é mais ampla que a informática, pois esta trata apenas da cultura voltada ao uso de tecnologias de informação e comunicação, enquanto a informação requer observar também os fluxos informacionais, os comportamentos envolvidos. Ainda assim, a menção à cultura informática é importante na medida em que faz parte da cultura informacional.

Tapial Arregui (2003) expõe um estudo da gestão do conhecimento em empresas espanholas e assinala existir o uso de tecnologias de informação nessas empresas. Nesse sentido, apesar de a maioria considerar a informação e o conhecimento como fundamentais, não possuem um sistema de gestão do conhecimento, bem como não possuem um departamento de recursos humanos. Isso significa que investir nos recursos humanos da empresa é fundamental para a gestão do conhecimento e também para a cultura informacional. Partindo do que já foi discutido anteriormente, sabe-se que há relação direta entre o departamento de recursos humanos e o tipo de cultura presente na organização, pois promove a aceitação, a consolidação, a manutenção e a mudança, dentro do que defende Freitas (1991). Essa situação reflete na cultura informacional, visto que, para efetivar fluxos informacionais, aceitar e incorporar ferramentas tecnológicas que facilitam tais fluxos, bem como para criar e compartilhar conhecimento, é evidente que os cargos necessitam de grupos de tarefas representativos e consolidadores dessa cultura. A conclusão tomada é que um departamento ou representante da função de recursos humanos precisa de envolvimento com a cultura informacional, pois esta possibilita condições socioculturais para processos de gestão do conhecimento.

Em sua pesquisa, Tapial Arregui (2003) identificou que das empresas que possuíam unidades de gestão do conhecimento, apenas 57,8% tinham departamento de recursos humanos, o que significa que a unidade de gestão do conhecimento também realiza as funções de RH.

A cultura informacional constitui-se do que é estruturado formalmente também pela organização, constando das políticas elaboradas ou sugeridas pelo departamento de recursos humanos.

Fazendo um prolongamento da constatação de Tapial Arregui, percebe-se que a gestão do conhecimento demanda investimentos sobre os recursos humanos, não apenas no que diz respeito às tarefas específicas para os cargos, mas para obter o comprometimento e comportamentos positivos.

Entre as barreiras à implantação da gestão do conhecimento Tapial Arregui (2003) menciona a presença de três: econômicas, tecnológicas e humanas. No caso desta última, é considerada como mais difícil, pois a alta direção desconhece as possibilidades da gestão do conhecimento; existe falta de tempo para fazer a sua aplicação; a comunicação interna é insuficiente; as pessoas possuem medo de compartilhar informação, sendo que tal comportamento pode ser um resultado da cultura organizativa. Contudo, considera-se que apesar de Tapial Arregui mencionar o termo cultura organizativa, está se referindo à cultura informacional, pois aponta questões como medo de compartilhar informação e comunicação insuficiente.

A função da cultura informacional na gestão do conhecimento é, portanto, fornecer condições para a inter-relação entre as pessoas permitindo maior compartilhamento e fluxo de informação; estimular a criatividade e a participação dos indivíduos; proporcionar estímulos para mudança, para aprendizagem e para o comprometimento; facilitar a aceitação e uso das TICs e integrar a cultura dos gestores ao restante da organização.

Além de evidentemente ajudar a gestão do conhecimento, a cultura informacional compõe também o contexto cultural para a inteligência competitiva. A relação é destacada especialmente pela capacidade de adaptação que as empresas buscam por meio da cultura organizacional (e da informacional, dentro do que se defende no presente trabalho). A inteligência competitiva, considerada um conjunto de ações que recaem sobre a informação para torná-la acessível ao uso, requer atenção sobre as mudanças do ambiente organizacional, sobre os atores e sobre as ferramentas tecnológicas.

A inteligência competitiva é um modelo de gestão que assimila outros modelos como a gestão da informação e a gestão do conhecimento. Constitui-se de processos que visam usar informação para tomar decisões, o que conduz à necessária presença de pessoas, seja localizando fontes de informação, monitorando e disseminando corretamente as informações coletadas. Assim, Queyras e Quoniam (2006, p. 78) explicam que a informação usada pela inteligência competitiva está na base da criação de conhecimento, de modo que é trabalhada capatando-a e armazenando-a para aumentar o conhecimento da estrutura organizacional. Ademais, a inteligência competitiva se dedica a analisar o conhecimento produzido, bem como realiza a localização das fontes de informação, e sua organização para o tratamento.

São diversas as ações tomadas por pessoas imersas em um ambiente organizacional em relação à informação, muitas das quais são inibidas ou facilitadas dependendo da estrutura organizacional, da cultura informacional e da maneira de conduzir a gestão. As ações tomadas pelas pessoas em relação à informação estão representadas no ciclo informacional, o qual, segundo Tarapanoff (2006, p. 23):

> [...] é iniciado quando se detecta uma necessidade informacional, um problema a ser resolvido, uma área ou assunto a ser analisado. É um processo que se inicia com a busca da solução a um problema, da necessidade de obter informações sobre algo, e passa pela identificação de quem gera o tipo de informação necessária, as fontes e o acesso, a seleção e aquisição, registro, representação, recuperação, análise e disseminação da informação, que, quando usada, aumenta o conhecimento individual e coletivo.

Assim, os fatores socioculturais da inteligência competitiva são as decisões tomadas e que têm impacto no comportamento informacional das pessoas que ali trabalham. Tais decisões podem ser verificadas nas relações determinadas pela estrutura organizacional, mas que também refletem na estrutura informacional. Ambas continuamente interferem nos fluxos de informação.

Entre os fatores facilitadores e inibidores para trabalhar a informação no modelo da inteligência competitiva, García Alsina e Ortoll Espinet (2012) propõem os aspectos estruturais da organização e aspectos comportamentais e individuais resultantes das condições socioculturais, entendidas no presente trabalho como a cultura informacional. Os autores discutem questões mais amplas da organização e incluem questões específicas como a percepção e personalidade e que são afetadas pela cultura informacional.

Entre os fatores individuais García Alsina e Ortoll Espinet (2012, p. 101) reconhecem que na literatura três estão presentes: "[...] consciência da informação, exposição à informação, e percepção pessoal da incerteza".

Dado que Correa e Wilson (2001 apud Ortoll Espinet, 2012) estudaram as condições internas influentes sobre o acesso e uso da informação nas organizações, propuseram que essas condições são individuais e organizacionais. Isto é, tanto nas questões individuais como nas organizacionais é preciso considerar a existência de um contexto de influência sobre a percepção que se tem da informação e dos efeitos que esta tem no trabalho e nas relações entre as pessoas.

O contexto sociocultural, formado por valores, crenças, normas e práticas revelam fenômenos importantes em relação à maneira como as pessoas reagem umas às outras e em relação ao próprio comportamento que executam.

Um dos fenômenos é denominado de influência social informativa e expressa a tendência em aderir e reproduzir os comportamenos e formas de pensar do grupo. Isto é, se baseia no fato de que os indivíduos possuem dependência de outras pessoas como fontes de infomação para compreender o mundo social (Baron; Byrne, 2005, p. 369).

Em relação à consciência da informação, García Alsina e Ortoll Espinet (2012, p. 101) fazem referência à definição de Correa e Wilson (2001) para explicar que se trata da atitude dos empregados em relação às atividades que envolvem informação, tal como observar o ambiente, analisar a informação e comunicar-se.

Sobre as atitudes dos gerentes (de qualquer nível da organização) em relação à informação do ambiente, García Alsina e Ortoll Espinet (2012, p. 101) sugerem que a percepção dos líderes sobre a informação sobre sua veracidade, confiabilidade e exatidão, resulta em ações e comportamentos voltados à inteligência competitiva, tal como o compartilhamento de informação. Dessa forma, o funcionamento desses modelos de gestão fundamentados no trato da informação, depende dessa percepção e do cumprimento das expectativas alcançadas com a informação.

A relação da liderança com a informação é retratada no conceito de *gatekeeper*, que expressa o comportamento de buscar informação junto a um indivíduo considerado ponto de referência, não apenas porque aglutina e dissemina informação, mas porque facilita acessar informações para adaptação cultural. Dessa forma, possui papel essencial para a cultura informacional.

No que diz respeito à percepção da informação, é necessário considerar que a valorização atribuída a esta consegue influenciar os critérios pessoais adotados e que são usados para definir a relevância da informação (García Alsina; Ortoll Espinet, 2012, p. 102). Desse modo, quando os critérios estão ausentes a atenção sobre a informação é distorcida, levando o indivíduo a considerar mais as informações que são fáceis de obter, cujo resultado pode não suprir as necessidades reais de informação, posto que fornece atenção a informações de qualidade inferior (Courseault; Elofson, 2006 apud García Alsina; Ortoll Espinet, 2012, p. 102). García Alsina e Ortoll Espinet (2012) explicam que essa falta de critérios também afeta na escolha das fontes de informação e nas necessidades de informação.

A falta de critérios se dá pela ausência de um padrão de pensamento compartilhado e que representa valores, crenças e práticas culturais capazes de influenciar as pessoas a respeito de como manejar e o que perceber como necessário para suprir determinadas necessidades de informação.

A exposição à informação e as percepções pessoais da incerteza compõem parte dos fatores individuais indicados por García Alsina e Ortoll Espinet (2012) e que influenciam as práticas voltadas à inteligência competitiva. Esses autores recorrem à Correia e Wilson (2001) para explicar que a exposição à informação é um item indispensável a ser avaliado na inteligência competitiva, uma vez que toca em questões como a quantidade de informação disponível e as formas de contato do indivíduo em relação a ela, tal como fontes pessoais e bases de dados. Nesse caso, trata-se do contexto de acesso às fontes de informação, indicando a necessidade de relações bem definidas para permitir a comunicação e o fluxo de informação. Dessa forma, não basta valorizar o comportamento de compartilhamento; faz-se necessário estimular, por meio de exposição e acesso à informação, fatores da cultura informacional como a valorização da informação, da participação, da disseminação, do uso de TICs, da liderança com sentido de *gatekeeper*, e o hábito da mudança e da adaptação. Por isso, a cultura informacional tem efeito tanto sobre as relações entre as pessoas, como nas relações entre pessoas e sistemas de infomação.

O fato de que a tomada de decisão sobre questões estratégicas demanda maior atenção e observação do ambiente e que os sistemas de informação apresentam-se ausentes ou com barreiras técnicas ou humanas a seu acesso, conduz as pessoas a recorrer às fontes de informação pessoais. Tais fontes podem estar nas redes sociais e que ajudam a reduzir as percepções pessoais da incerteza (Ortoll et al., apud García Alsina; Ortoll Espinet, 2012, p. 102). A cultura informacional agrega ao comportamento atenção e observação com o ambiente, seja ele interno ou externo à organização. Contudo, o acesso à informação e a expressão de comportamentos de busca de informação em relação às pessoas não pertencentes à organização podem ser limitados.

Tal busca por informação nas redes de contatos sociais, expressa um comportamento que não mostra apenas a lacuna de informação, mas também a existência de confiança e de compartilhamento entre as pessoas que compõem essa rede. Tal rede se refere às pessoas que podem constar fora da estrutura organizacional, e que dependeria de uma cultura informacional tratada como uma cultura nacional, com características voltadas a manejar a informação, permitindo e facilitando o acesso, promovendo melhor formação educacional para as pessoas quanto à leitura e interpretação, destinando parte de seus recursos arrecados por impostos para eleborar infraestrutura fornecedora de informação para todos os cidadãos e empresas, e estimuladora de produção, adoção e inovação tecnológica com intuito de permitir acesso a ferramentas tecnológicas para melhorar os fluxos informacionais (Soares Torquato, 2007). Dessa forma, os fatores pessoais de percepção da informação são vistos apenas como uma parte da influência da cultura informacional dentro da empresa, uma vez que se não está presente no ambiente externo as possibilidades de uma empresa efetivamente possuir cultura informacional tornam-se reduzidas. Isso porque, dependerá de, por exemplo, uma boa estrutura educacional, pela qual as pessoas que trabalham na empresa deverão ter participado.

Entre os fatores vinculados à organização e que infuenciam na inteligência competitiva, constando em um nível mais amplo, encontra-se o clima formado pela abertura das organizações ao receber influências externas do ambiente e pela cultura da organização (García Alsina; Ortoll Espinet, 2012).

A cultura da organização, compreendida de maneira específica no presente trabalho como aquela que se volta ao ciclo informacional e à produção de conhecimento, recebendo a denominação de cultura informacional, é formada por crenças, normas, valores e comportamentos, influenciando as atitudes necessárias à inteligência competitiva (Choo et al., 2008; Choo, 2001; Simon, 1999 apud García Alsina; Ortoll Espinet, 2012).

Tal como vêm se construindo e demonstrando no percurso do presente trabalho, os elementos da cultura informacional alcançam influência também no tipo de estrutura organizacional e no tipo de comunicação adotados. De maneira geral, essa é uma afirmação válida também a respeito da cultura organizacional. García Alsina e Ortoll Espinet (2012, p. 104) explicam que tanto o padrão de estrutura organizacional quanto o tipo de comunicação podem expressar se valorizam melhoria e aprendizagem e se valorizam a cultura informacional.

García Alsina e Ortoll Espinet (2012, p. 104) fundamentando-se em Choo (2006), Miller (2002) e Kahaner (1996; 1997) explicam que os valores, as normas, as crenças, os padrões de comportamento, a estrutura e a comunicação organizacional interferem nas atividades de inteligência competitiva, particularmente em relação à:

a) vontade de compartilhar informação; b) conceito que a organização tem de inteligência; c) consideração do que coletam e como o fazem; d) que aspectos veem como importantes; e) uso e aplicação da informação obtida pelo processo de IC na tomada de decisões; f) reação a mudanças do mercado e g) vontade de ajustar os processos organizacionais para se dirigir a mudanças do mercado.

Nesse sentido, considera-se que a cultura informacional aplicada na inteligência competitiva é um processo sociocultural que busca construir uma realidade favorável ao tratamento da informação cujo ciclo informacional busca atribuir relevância e precisão à informação disseminada na empresa. Assim, em sua constituição existem valores, crenças, normas e padrões de comportamento que demonstram a vontade de compartilhar informação, a determinação do que é considerado importante e a maneira como lidam com a mudança.

As organizações são sistemas abertos, o que implica que a cultura interage com fatores do ambiente externo, entre os quais fatores políticos, econômicos e sociais. As culturais nacionais, contexto sociocultural presente e pertencente a uma nação, são citadas na literatura (García Alsina; Ortoll Espinet, 2012, p. 106) como responsáveis pela educação e pela construção de políticas que resultam em comportamentos pró-ativos, capazes de trabalhar a informação e construir conhecimento.

> [...] a cultura nacional incide na maneira de compartilhar, fazer circular a informação sobre o ambiente geral, analisar ou interpretar a informação, ou no uso que se faz da informação e dos sinais débeis extraídos mediante os processos estabelecidos de inteligência competitiva. (Oliver, 2008 apud García Alsina; Ortoll Espinet, 2012, p. 106)

Dessa forma, a discussão sobre a cultura informacional caminha para tratá-la como algo que pertence ao ambiente no qual a organização está imersa, sendo capaz de influir nas escolhas sobre como deve ser a sua estrutura organizacional (tomada de decisão, distribuição de autoridade, formato assumido pela comunicação, organização, valores e crenças que circundam a informação), bem como sobre a maneira das pessoas se portarem em relação à informação.

O uso e produção correto da informação e a gestão do conhecimento contribuem para formar/estruturar a inteligência competitiva em uma organização. Esteban Navarro e Navarro Bonilla (2003) explicam como se gera a inteligência em organizações, diferenciam conceitos como informação, conhecimento, capital intelectual e diferentes tipos de inteligência. Os autores também aludem à auditoria informacional como forma de mapear a informação na organização. Porém, os autores centram-se na aplicação da inteligência competitiva pelo Estado, ilustrando diversos exemplos de uso de informação militar para a segurança.

Esteban Navarro e Navarro Bonilla (2003) sugerem que entre os aspectos que devem ser analisados pela auditoria para alcançar a inteligência em uma organização, merecem destaque, porque possuem relação com o tema abordado no presente trabalho: descobrir quais são os valores e a cultura da organização. Nesse caso, os valores são representações centrais da cultura instalada na organização e remetem a tudo que é importante e sustentador da visão de mundo do grupo. No entanto, o que importante para a inteligência competitiva é a cultura informacional, porque se dedica a direcionar, interferir e construir uma visão de mundo sobre como atuar em relação à informação. Assim, apesar dos autores tratarem a cultura como algo separado dos valores, é necessário investigar que tipo de cultura existe na organização. Esses autores sustentam a necessidade de obter um inventário dos diferentes recursos disponíveis, inclusive dos valores e da cultura obtidos por meio de:

La determinación de sus fines y objetivos; La situación en el entorno mediante un análisis DAFO: identificación de las de-

bilidades y las fortalezas internas de la organización y de las amenazas y oportunidades que surgen del ambiente; La descripción de la estrutuctura orgánico-funcional; La idenficación y descripción de los procesos estratégicos de negócio o de prestación de servícios; La fijación de los trámites administrativos; El descubrimiento de su cultura y valores.

Por sua vez, Comai (2011) expõe os avanços práticos e as atuais dificuldades associadas à inteligência competitiva. Enquanto em países emergentes existe um maior investimento, especialmente das empresas na inteligência competitiva, na Espanha, em período de crise ecnonômica, evidencia-se uma redução significativa. O autor chama a atenção para este fato, pois justamente em momentos de crise é que as empresas necessitam intensificar investimentos em relação ao trato da informação. Assim como, investir em cultura informacional das empresas.

Nesse contexto, Tena Millán e Comai (2001) afirmam que a inteligência competitiva aplicada às grandes empresas é distinta da aplicada em pequenas e médias, pois a cultura e o setor de atuação devem ser considerados. Além disso, sugerem que a mudança proposta pela inteligência competitiva deve repercutir no comportamento das pessoas, o que quer dizer que as práticas e formas de manejar a informação devem expressar melhor identificação, seleção, organização, disseminação da infomação.

Comai (2011) atenta para o fato de que a inteligência competitiva tem uma cultura empresarial própria para estimular as pessoas e seus comportamentos. Contudo, apesar do autor se referir à cultura empresarial, na verdade ao observar o contexto de aplicação dado pelo autor, percebe-se que se trata da cultura informacional. Assim, todo esforço desse modelo de gestão de informação e criação de conhecimento depende de uma cultura capaz de conseguir das pessoas comportamentos de busca e de compartilhamento, denominada cultura informacional. Para a inteligência competitiva supõe-se que a interpretação da informação deve ser feita por todos os participantes do ambiente interno da organização (Comai, 2011), de forma que implica a participação de diferentes níveis da estrutura organizacional, bem como de comunicação e confiança que pode ser estabelecido entre eles, uma situação estimulada por uma das funções da cultura informacional, qual seja, integrar os indivíduos ao grupo.

Comai (2011) dedica parte de seu artigo a explicar que a inteligência competitiva "Se trata de una cultura empresarial – que incorpora las ideas y alienta los comportamientos adecuados – lo que guía estas empresas a perseverar en la innovación y lograr sus objetivos". Assim, prolongando a sua explicação sobre o papel da cultura organizacional, o autor entende que para comprometer toda a organização com a tarefa de interpretar e manejar a informação, é necessário desenvolver uma cultura orientada à inteligência competitiva. Isto é, uma cultura informacional, que necessariamente se dedica a conduzir os comportamentos, percepções e interpretações sobre o que se deve fazer com relação à informação na empresa. Dessa forma, apesar do autor utilizar o termo cultura empresarial, faz referência clara sobre a necessidade de ter uma condição cultural que permita alcançar a inteligência competitiva, o que significa trabalhar a informação.

Segundo dados obtidos junto a mais de 200 empresas com a aplicação do modelo de autoavaliação criado por Comai (2011), as empresas desenvolvem menos a cultura de captura de inteligência e a cultura de compartilhamento de inteligência, concluindo que "Nuevamente nos encontramos con que la IC necesita una muy importante gestión del cambio cultural parte de la organización y esto sin duda supone un cierto tiempo y perseverancia". Nesse sentido, a cultura informacional é percebida como um contexto que pode ser alcançado mediante mudança da cultura instalada. Apesar de Comai (2011) não utilizar o termo cultura informacional, indica que a cultura necessária para a inteligência competitiva precisa resultar em captura e compartilhamento com relação ao que o autor identificou como inteligência. Há que se considerar que o melhor termo seja informação e não inteligência, posto que a inteligência é o resultado de um processo de transformação da informação. Por isso, o autor deveria adotar o termo cultura informacional.

Supõe-se que, nesse caso, a cultura informacional seja um contexto necessário para trabalhar adequadamente a informação, cujos investimentos em tecnologias de informação e comunicação (TICs) ou em capacitação mostram-se valiosos. A cultura da empresa é um dos obstáculos para formalizar programas de inteligência competitiva (Postigo, 2001). Sendo que para o presente trabalho, essa cultura deve ser vista de maneira mais específica e voltada à informação, recebendo a denominação de cultura informacional.

A cultura determinante para a inteligência competitiva pressupõe comunicação visando troca de informação. Postigo (2001), que adota o termo cultura de empresa, explica que a comunicação com finalidade de compartilhar informação é de interesse de empresas espanholas, cujo êxito depende das características do grupo.

> *La cultura de la empresa junto con la falta de experiencia en las técnicas de análisis son las principales razones para no adoptar procesos formales de ic. Aunque los directivos señalan la falta de recursos humanos como el principal factor que impide su adopción, un análisis detenido permite observar cómo la implementación de estos programas no depende del tamaño de la empresa.* (Postigo, 2001)

O comportamento dos diretores é considerado um obstáculo para implantar programas de inteligência competitiva (Postigo, 2001). Para o mesmo autor, apesar dos diretores valorizarem a informação, estes não consideram necessário implantar a inteligência competitiva (recobrando que possui como uma finalidade fundamental conhecer o ambiente). Evidentemente, essa situação indica a ausência de valores e crenças que definem que a informação e que os comportamentos voltados a tratar a informação são relevantes. Além disso, podem estar ausentes mecanismos como os rituais, dedicados a formar hábito sobre a participação das pessoas no ciclo da informação.

Postigo (2001) não usou o termo cultura informacional em sua investigação sobre a situação da inteligência competitiva na Espanha e identificou o desconhecimento do modelo por grande parte das empresas, bem como que o tipo de cultura instalada e a forma de pensar dos diretores são considerados obstáculos. "Esto nos lleva a suponer que es la cultura interna de la empresa la que determina la existencia de un programa formal de inteligencia" (Postigo, 2001). Assim, esse autor sustenta que tanto a cultura interna como o conhecimento técnico sobre como realizar análises de informação determinam a adoção de inteligência competitiva pela empresa. Nesse caso, é evidente que apesar de Postigo não utilizar o termo cultura informacional, se refere diretamene a ela ao colocá-la como determinante para a inteligência competitiva. Assim, explicam Nicholas e Herman (2009 apud Dorner; Gorman; Calvert, 2015, p. 24) que o valor atribuído à informação e aos serviços informacionais dependem do contexto. Esses autores vão além e afirmam que o indivíduo ou grupo não podem apresentar necessidades informacionais *per se*, isto é, destituídas de um contexto. Por isso, a participação da cultura precisa constar como prioridade no ciclo de produção e uso de informação na inteligência competitiva.

Tendo em vista o exposto, a abordagem tratada neste apartado considerou a perspectiva da cultura informacional na gestão em relação aos temas: fluxos de informação, capital intelectual, competência informacional no âmbito profissional, inovação, auditoria da informação, gestão documental, gestão da informação, gestão do conhecimento e inteligência competitiva. Em muitos temas da gestão aponta-se que a cultura centrada no ciclo e no comportamento informacional se constitui determinante para a aplicação de modelos e processos como a gestão da informação, a gestão do conhecimento e a inteligência competitiva, bem como é fundamental porque interfere na aquisição de competência informacional, no desenvolvimento do capital intelectual. Por outro lado, em se tratando de um contexto específico, interfere nos fluxos informacionais, no registro, controle, acesso e na determinação das necessidades informacionais. Por isso, a cultura informacional foi indicada como contexto sociocultural para a gestão aplicada à Ciência da Informação.

Por fim, um resumo das ideias recolhidas sobre a cultura informacional mostra que, no que diz respeito a sua menção como contexto na gestão documental, a cultura informacional interfere no nível de consumo de serviços de informação; a cultura informacional deve prever movimentos de resistência aos valores, crenças e rituais; a cultura informacional deve determinar os hábitos de uso da informação e, interferir nas políticas de recursos humanos e de gestão do conhecimento e que contribuem à gestão documental. Conforme constatado na revisão de literatura, não existe uma cultura informacional adequada aos centros de documentação, sendo necessário o seu desenvolvimento.

Quanto ao tema inovação, chegou-se à conclusão de que em ambientes em que a cultura informacional apresenta-se insuficiente quanto aos valores que determinam o que é considerado relevante, prevalece o medo em compartilhar conhecimento. Além disso, no que concerne à relação entre o tema cultura informacional e a inovação, o desenvolvimento da consciência de que os serviços informacionais para a empresa são vitais está vinculado a essa cultura. E, também que a consciência, o uso desses serviços e das bases de dados científicas são fundamentais para a inovação. O fato de a empresa acessar informação relevante nas bases de dados mediante investimento financeiro é considerado um indicador da cultura informacional.

Por sua vez, o tema da competência informacional dialoga com a cultura informacional em diversos pontos, entre os quais que a cultura informacional maneja conhecimentos que permitem atuar na sociedade atual fornecendo condições para desenvolver competência informacional; a cultura informacional não é sinônima de cultura informática, pois para obter fluxo de informação importante não basta usar ferramentas tecnológicas, sendo necessário ter competências específicas para produzir e avaliar a qualidade da informação; a cultura informacional é expressa em competências tais como ser capaz de motivar os demais membros da organização e estimular fluxos de informação; para conseguir implantar processos de socialização para formação de competência informacional é necessário possuir a cultura informacional; e, por fim, a cultura informacional está subordinada à cultura organizacional, mas desta se destaca, pela ênfase no uso da informação mediante padrões comportamentais que expressam as competências informacionais.

O tema da auditoria da informação mostra que a cultura informacional é fundamental porque o comportamento informacional decorre dela, assim como por meio da auditoría da informação verifica-se que o uso da informação precisa ser crítico, sendo um resultado da cultura instalada. Mas a relação mais significativa é que por meio da auditoria da informação, pode-se conhecer a cultura informacional e identificar se essa cultura é coerente com a empresa.

A respeito da relação entre o tema capital intelectual e a cultura informacional, percebeu-se que ambos têm em sua base indivíduos que interagem e usam informação para criar conhecimento. O capital intelectual é criado com a participação de informações registradas e não registradas que devem ser compartilhadas tanto por parte da direção como dos níveis operacionais. Assim, a contribuição entre os temas é mútua e necessária para gerar conhecimento para a organização. E, por fim, é imperativo que a cultura informacional instalada e que auxilia a criar e gerenciar o capital instalado passe por mudanças constantes para facilitar a adoção e uso de ferramentas tecnológicas.

Não se pode tocar no tema cultura informacional sem incluir os fluxos informacionais, isso porque a cultura informacional é responsável pela dinâmica do fluxo de informação. Este ao registrar o conhecimento organizacional ajuda na preservação da cultura instalada. Assim, trata-se de um contexto voltado a valorizar a informação e que influencia na gestão da informação pessoal ao incentivar comportamentos de participação nos fluxos informacionais.

A cultura instalada na organização pode ser um obstáculo para a gestão da informação, caso não apresente valores e crenças que permitam criar uma realidade onde todos trabalham para tornar a informação um recurso acessível e compartilhado. Assim, para obter a gestão da informação é imprescindível conhecer os tipos de informação, os fluxos de informação e a cultura informacional. Para isso, estimular o contato pessoal e conseguir que os atores envolvidos colaborem é essencial para criar uma cultura informacional. Contudo, os próprios dirigentes de nível hierárquico superior acabam considerando que a informação valiosa não costuma advir de camadas inferiores da estrutura organizacional, impedindo a construção de uma cultura informacional inclusiva, com fluxos informacionais que contemplem mais indivíduos. Paralelo ao desprezo pela informação advinda de camadas inferiores da estrutura hierárquica existe a indisposição dos subordinados em colaborar, a qual acaba demonstrando a ausência da cultura informacional e inviabilizando a participação dos indivíduos na gestão da informação. Dessa forma, a formação permanente é necessária para instruir todos os indivíduos cuja participação seja necessária para a gestão da informação.

A cultura informacional interna de uma empresa é determinante para a adoção de modelos de gestão, para o desenvolvimento de comportamentos e de fluxos informacionais. Na inteligência competitiva, esse contexto permanece sendo fundamental, mas inclui a influência da cultura nacional, a qual também precisa apresentar a tendência para a cultura informacional, uma vez que os indivíduos que atuam nas organizações recebem uma formação prévia à entrada na organização. Dessa forma, parte do que realizam resulta de conhecimentos adquiridos antes de trabalharem na organização. Por isso, a formação profissional anterior à empresa e a formação que recebem na organização são essencias para instigar comportamentos de busca, de compartilhamento, de identificação de necessidades e de uso inteligente da informação. Assim, da mesma forma que a aplicação da gestão da informação pode não obter sucesso sem a presença de uma cultura informacional, a aplicação da inteligência competitiva também é determinada pela cultura informacional, cuja ausência acaba sendo um obstáculo, uma vez que os comportamentos são específicos para trabalhar a informação.

Por fim, apresenta-se um esquema que ajuda a organizar os temas e a relação destes com a cultura informacional.

Figura 1: Cultura informacional na abordagem da gestão

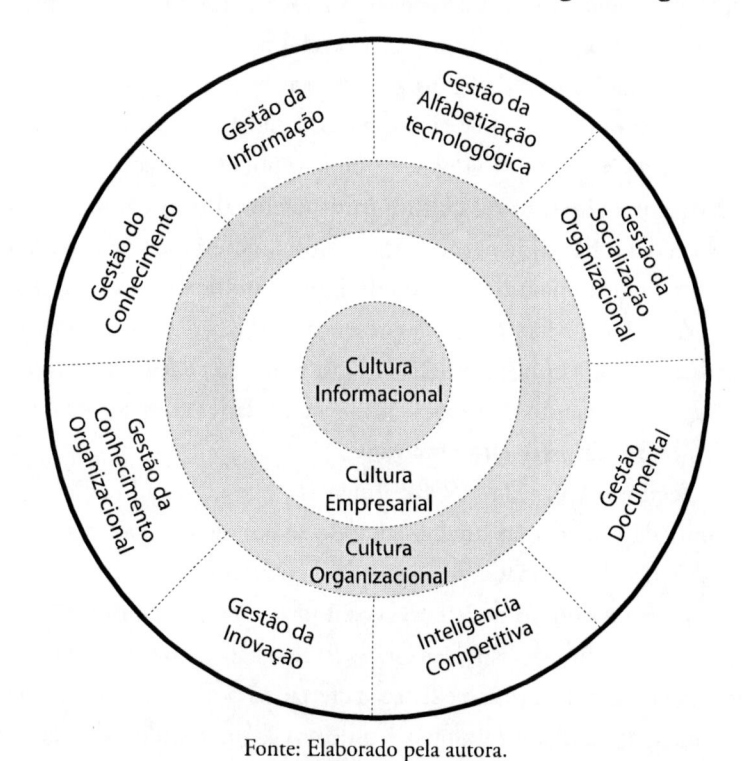

Fonte: Elaborado pela autora.

Como se trata de um contexto sociocultural, este é compartilhado pelos temas dispostos na figura, pois instiga o desenvolvimento de competências e comportamentos voltados a trabalhar a informação nas empresas. As linhas tracejadas representam a permeabilidade entre modelos e técnicas de gestão adotados nas empresas e que influem na cultura informacional.

2. Abordagem socioeducacional

Nesta seção abordam-se as linhas social e educacional que mencionaram a cultura informacional nos textos pesquisados. Entre elas, destaca-se o bibliotecário como difusor e responsável da cultura informacional e da relação que mantém com a alfabetização informacional. Apesar dessas noções não estarem voltadas à cultura informacional de empresa, deve-se citá-las, pois são comuns no contexto da Ciência da Informação/Documentação na Espanha.

"Economia da informação" e "sociedade da informação" são expressões que se aproximam e que não podem ser confundidas. O desenvolvimento da cultura informacional tem como marco a sociedade da informação. Dessa forma, emerge da valorização da informação para tomada de decisão como recurso estratégico.

A discussão faz alusão à presença e atuação de usuários de informação na condição de cidadãos, sendo necessário formação e desenvolvimento de capacidades e habilidades com a mediação de bibliotecários/documentalistas.

Segundo Cornella (1998), um país pode conseguir uma economia da informação fundamentando-se em tecnologias, mas não poderá ser denominada de sociedade da informação justificando-se apenas nessa adoção de ferramentas informáticas. Além disso, a valorização da informação deve estar presente não apenas em políticas nacionais, mas na própria educação ofertada à população. Se a escola ensina a aprender, o resultado é o desenvolvimento de habilidades importantes para o trato da informação, refletindo no trabalho realizado sobre a informação quando da atuação em organizações.

Para Cornella (1998), a cultura informacional é uma instituição obrigatória para as sociedades modernas, pois não se trata apenas de dispor e de usar tecnologias de informação, mas formar cidadãos informacionais. Como lembra o autor, a cultura informacional na Espanha ganha contornos pouco positivos, isso porque em relação ao contexto histórico da ditadura de Franco (1936-1976), existia obstrução e falta de transparência informacional. Dessa forma, Cornella (1998) considera que há cultura informática, mas não uma cultura informacional na Espanha, sendo que parte dessa situação deve-se ao sistema de educação espanhol.

Nesse caso, a cultura informacional é tratada como um contexto maior e que envolve a sociedade, reforçando a diferença entre cultura informacional e cultura informática. Enquanto esta tem o intuito de valorizar e se apoiar no uso de ferramentas tecnológicas, a cultura informacional é aquela que busca desenvolver percepção crítica obtida por meio da educação ou formação de um país. Além disso, a cultura informacional está também associada ao acesso à informação. Assim, tanto a educação quanto o acesso à informação são indispensáveis para caracterizar a cultura de um país como informacional.

Para Cornella (1998) a cultura da informação, considerada no presente trabalho como cultura informacional, é um dos fatores que compõe a sociedade da informação, em conjunto com a economia da informação. Para esse autor, a cultura informacional é entendida no sentido de cultura de uso da informação, isto é, quando existem indivíduos que usam informação corretamente e criticamente, pode-se inferir que existe uma cultura que tem como objetivo trabalhar a informação em todo o percurso do ciclo, isto é, em sua seleção, armazenamento, recuperação, distribuição e uso. Dessa forma, o autor explica que a sociedade da informação de um país é resultado de sua economia de informação multiplicada por sua cultura informacional. Cornella (1998) propõe alguns fatores que interferem na constituição da cultura informacional, entre os quais:

> *Si su estructura social es muy jerarquizada puede que no haya una cultura de uso de la información. Quizá tiene un índice de lectura muy bajo, o puede que en el sistema educativo prime la captación de unos conocimientos concentrados en un libro de textos y no estimule en absoluto la utilización de las bibliotecas escolares.*

Existe pouca cultura informacional na Espanha segundo sublinha Cornella (1998 citando PC Word España, septiembre 1997, p. 352):

> *Otra prueba de la poca 'cultura de la información' que hay en nuestro país la aporta un estudio de Novell, según el cual 64% de los trabajadores afirma que sus directores no les informan suficientemente.*

A cultura informacional é considerada por Cornella (1999) como um dos elementos da sociedade da informação ou fator multiplicador da economia da informação. De acordo com esse autor, a sociedade espanhola pauta-se em um sistema educativo que resulta na falta da cultura informacional. Tal cultura informacional deveria consistir em ensinar determinados conteúdos aos alunos das escolas e das universidades e que permitissem alcançar habilidades informacionais. Contudo, tal sistema educativo não ensina a aprender ou a desenvolver habilidades informacionais, fornecendo conhecimentos direcionados para o universo laboral, mas não para aprender a aprender.

> *Una parte de la responsabilidad de la falta de "cultura de la información" en la sociedad española se debe al sistema educativo. Nuestro país se ha preocupado más por seguir el modelo*

académico francés – que consiste en impartir en la escuela y la universidad los conocimientos necesarios (en teoría) para toda la vida profesional – que por enseñar a aprender o ayudar a desarrollar habilidades informacionales que permitan actualizar los conocimientos con rapidez, algo más típico de los anglosajones y más adecuado para esta época de cambios constantes.

Nesse contexto em que a formação dos indivíduos deveria prezar pelo desenvolvimento de habilidades informacionais, os bibliotecários ocupam um posto de destaque porque podem ajudar nessa formação difundindo a cultura informacional. Isto é, o fato de estimular os indivíduos a adquirirem e desenvolverem um conjunto de habilidades que os tornam aptos a buscar e usar informação é uma maneira de difundir a cultura informacional. Na percepção de Gómez Hernandez (2008) promover a cultura informacional é uma parte da função do bibliotecário, ensinando, facilitando e mediando a informação aos usuários, como também fornecendo condições para efetivar competência informacional. Contudo, Gómez Hernandez (2008) usa como sinônimo a cultura informacional, a alfabetização informacional e a competência informacional, sendo esse uso plural do termo um dos problemas identificados. Nesse caso, como já afirmado, a cultura informacional é o contexto para desenvolver competência informacional e para ser considerado alfabetizado em informação. Para esse autor:

> *Lo que se denominaba formación de usuarios con una dimensión más instrumental o orientadora que realmente capacitadora, ahora se denomina alfabetización, competencia o cultura informacional, es decir: conocer y saber desenvolverse en el mundo de la información y sus claves.*

Nesse mesmo sentido, Pinto e Uribe Tirado (2012, p. 149) explicam que a alfabetização informacional tem relação com a reeducação e a formação, tornando-se um requisito para atuar na sociedade da informação. Dessa forma, a biblioteca pública torna-se um importante espaço para a educação documental dos cidadãos, isto é, para tornar os indivíduos aptos a trabalhar informações registradas em documentos.

Nesse ponto, faz-se necessário recobrar o que Ortoll Espinet (2004) compreende ser a alfabetização informacional, a qual deve ser percebida como a capacitação para manejar a informação. Contudo, a competência informacional, é concebida como a capacitação em âmbito profissional.

Ferroni (2004) citado por Basulto Ruíz (2009) defende que a cultura informacional compõe parte da responsabilidade do bibliotecário, uma vez que trata de inclusão por meio da educação/ formação dos usuários, corroborando com o que afirmou Gómez Hernandez (2008). Nesse caso, Ferroni (2004) apud Basulto Ruíz (2009) esclarece que:

> *Las bibliotecas y los bibliotecários pueden y deben reflexionar sobre el poder que les confiere el ser guardianes de la cultura de la información y de lo que significa ayudar a las personas en su desarrollo personal y social.*

A formação educativa nas escolas e universidades é uma das formas de fomentar a cultura informacional, antes mesmo das pessoas começarem a atuar nas organizações (Cornella, 1994). Assim, na verdade, Cornella se refere à formação das competências informacionais e não da formação do contexto de estímulo a tais competências.

> *[...] la acción de fomento de la cultura informacional más efectiva sea aquella que se lleva a cabo en los procesos educativos elemental y superior. Es tarea de las escuelas, institutos y universidades iniciar a sus alumnos en el "consumo inteligente" de información. Se trata, entre outras cosas, de que éstos aprendan a aprender, es decir, de que sean capaces de localizar infor-*

mación de calidad, de digerirla y absorberla, para finalmente aplicarla de manera eficiente y efectiva. (Cornella, 1994)

Entre as características para que uma pessoa possa ser considerada competente em informação, Bawden (2002, p. 381) cita as sete consideradas por Bruce (1994) como definidoras, entre as quais se destacam os valores internalizados que promovem o uso da informação. Nesse caso, apesar de Bruce (1994) não usar o termo cultura informacional, está fazendo referência a ele, uma vez que indica a necessidade dos valores. As demais características segundo Bruce (1994) apud Bawden (2002) são:

- *aprende de forma independente, autónoma;*
- *utiliza procesos de información;*
- *utiliza una variedad de tecnologías y sistemas de información;*
- *posee un conocimiento sólido del mundo de la información;*
- *procesa la información de forma crítica;*
- *tiene un estilo personal de información que facilita su interacción con el mundo de la información.*

A alfabetização informacional é parte do processo de formação das pessoas, seja em séries escolares ou no ensino superior. O uso da alfabetização informacional ocorreu primeiro em ambientes laborais e referia-se ao uso eficaz da informação para resolver problemas referentes à empresa. A primeira menção do termo é atribuída a Zurkowski (1974) apud Bawden (2002), explicando a alfabetização informacional (AI)

> [...] *como resultante de la tranformación de los servicios bibliotecarios tradicionales e innovadoras entidades suministradoras de información para el sector privado, con las políticas correspondientes. La AI se asoció al concepto de uso eficaz de la información dentro de un entorno laboral, posiblemente empresarial, y, más específicamente, con la resolución de problemas.* (Bawden, 2002, p. 376)

Os serviços de alfabetização informacional formam usuários para acessarem informação. Gómez Hernández (2009) fez uma revisão dos avanços conseguidos pela alfabetização informacional como parte da formação do bibliotecário. Organizações e universidades esforçam-se para viabilizar programas de alfabetização informacional, estimulando bibliotecários em formação a aprender a desenhar programas educativos. Nesse intuito, Gómez Hernández (2009) menciona um trecho do *Libro blanco* elaborado para especificar algumas competências profissionais para a graduação em informação e documentação, entre as quais relaciona a necessidade de desenvolvimento da cultura informacional do usuário.

> *Interacción con los productores, los usuários y los clientes de la información: analisar e interpretar las prácticas, las demandas, las necesidades y las expectativas de los productores, los usuários y los clientes, actuales y potenciales, y desarrollar su cultura de la información ayudándoles a hacer el mejor uso de los recursos disponibles.* (Gómez Hernández, 2009)

Neste trecho, retirado de Gómez Hernández (2009), percebe-se que a cultura informacional é considerada uma condição ao uso dos recursos informacionais disponíveis pelos usuários.

No que diz respeito às necessidades de informação, Nuñez Paula (2001, p. 84) explica que existe uma mudança atual na tendência investigativa das necessidades de informação, entre elas, consta a inclusão de temas sobre as funções educativas e aspectos culturais, pois repercutem sobre as necessidades informacionais. A tendência apresentada por essas pesquisas confirma que o contexto sociocultural é determinante para os usuários manejarem a informação.

A abordagem educacional integra problemas de alfabetização informacional e de alfabetização digital, sendo que para este, concentram-se esforços no desenvolvimento de competências voltadas às ferramentas informáticas.

Permanecendo no âmbito de processos educativos e formativos de usuários, o texto de Sanz Martos e Reig Hernández (2013) relata o processo de socialização por meio do qual ocorre a incorporação de conhecimentos. Assim, o texto de Sanz Martos e Reig Hernández (2013) não aborda a cultura informacional, mas a inserção em um contexto, que no caso, exige comportamento informacional e uso de tecnologias de informação e comunicação.

Assim, deduz-se que para a abordagem socioeducacional a cultura informacional é um processo de instrução, o qual utiliza maneiras para treinar, educar e preparar os indivíduos para identificar necessidades, para manejar a informação utilizando-a de maneira crítica.

Os programas com finalidade educativa são importantes sinalizadores da presença da socialização/ inserção de pessoas em novos contextos. Marzal e Parra Valero (2010) não abordam diretamente em sua discussão a cultura informacional, centrando-se sobre bibliotecas integradas. Estas são consideradas como a junção de recursos bibliográficos e humanos em um mesmo espaço, geralmente atendendo a mais de um tipo de público. Dessa forma, os autores propõem um modelo de programa de alfabetização de informação para bibliotecas integradas que visa desenvolver habilidades de leitura e de escrita. A proposta gira em torno a fornecer em um mesmo espaço, condições iguais para os usuários. Ao final do programa educativo, o professor/bibliotecário pode fazer uma avaliação do resultado desse programa e informar às autoridades que decidem sobre políticas educacionais.

Destaca-se assim a aplicação de um programa educativo, equivalente à noção de socialização organizacional e que visa capacitar usuários-alunos no uso dos recursos de uma biblioteca.

É evidente que a alfabetização informacional acerca-se à noção de cultura informacional, pois enquanto a primeira tem seus fundamentos na noção de capacitação, a cultura necessita da presença desta para efetivar-se como contexto, porque depende da efetivação de uma realidade e de práticas que tornem concreta essa cultura. Isto é, a cultura informacional precisa de mecanismos que tornem real aquilo que é considerado importante (valores) e verdadeiro (crenças). Instruir, preparar e facilitar o aprendizado das pessoas quanto a algo novo (programas, modelos, técnicas etc.) é essencial para estimular a cultura informacional, porém, isso não significa que apenas após aprenderem determinadas competências é que os indivíduos passam a valorizar o trabalho necessário sobre a informação. Em outras palavras, as pessoas podem participar da alfabetização se internalizarem a cultura informacional.

A alfabetização informacional aparece associada ao aprendizado e ao uso de ferramentas tecnológicas. Menou (2004) explica que muitos governos adotaram como política de ajuste ou adaptação à sociedade da informação a adoção de tecnologias de informação e comunicação. Entretanto, o autor assinala que a inclusão digital não garante a alfabetização informacional, uma vez que o acesso à internet não é sinônimo de progresso econômico. Como tais políticas governamentais centram esforços em proporcionar acesso às ferramentas tecnológicas, marginalizam o fato de que seu uso efetivo depende da qualificação das pessoas. Dessa forma, além de incluir na discussão da cultura informacional algumas soluções sobre a insuficiente formação das pessoas para usar as ferramentas tecnológicas, existe também a necessidade de compreender o uso dos recursos informacionais, representados por qualquer tipo de documento ou informações que podem participar de fluxos informacionais. A inclusão digital é item que facilita o acesso à informação e que pode incentivar as pessoas a buscarem e a usarem mais informação, mas não deve ser confundida com a cultura informacional.

A informação e a cultura estão imbricadas, sendo necessário planejar a cultura para realizar a alfabetização informacional, aproveitando a informação como recurso para construir, disseminar e efetivar a cultura. Isto é, a cultura informacional precisa ser estudada e moldada conforme as necessidades da organização, identificando e incluindo a relevância da informação para cada atividade de cada cargo que participe e contribua para o ciclo informacional.

Cochrane e Atherton (1980) citados por Menou (2004), sugerem que quatro princípios precisam receber atenção em relação à alfabetização informacional. O primeiro é a contextualização e ajuste dos materiais ao entorno cultural; o segundo é o incrementalismo, decidindo sobre quanto se faz em cada uma das fases da alfabetização informacional; o terceiro, a aplicação da motivação avaliando a receptividade da informação; e, por fim, estudar o processo de absorção, identificando qual é a forma mais adequada de conseguir a informação.

Os princípios sugeridos por Cochrane e Atherton (1980) indicam a necessidade de identificação de necessidades informacionais, as quais sempre são determinadas pelo contexto, bem como de processos motivacionais conseguidos por intermédio do retorno sobre a validade ou relevância da informação do ponto de vista do usuário. Por fim, vale ressaltar também o princípio que avalia as formas pelas quais a informação deve ser conseguida, em outras palavras, trata-se de avaliar os tipos de socialização (treinamento) aplicados e os resultados obtidos. A construção da cultura informacional depende da avaliação prévia das necessidades e da implantação de um processo de socialização que ajude a desenvolver as competências infomacionais, por isso, os princípios expostos por Cochrane e Atherton (1980), citados por Menou (2004) são citados como uma parte da literatura que aborda o tema sem utilizar o termo cultura informacional.

As considerações de Menou (2004) são importantes na medida em que sugerem que a alfabetização informacional está vinculada à cultura informacional, ressaltando que concomitante à adoção e uso das tecnologias de informação e comunicação, existe a marginalização do contexto cultural, sendo que esta é a dimensão que o autor aponta como ausente.

Bernhard (2002) discute a formação para o uso da informação no que tange à sua oferta no ensino superior. Em geral, as bibliotecas e os bibliotecários envolvem-se na atividade de formação para uso da informação. A discussão inclui importantes pontos, como ser destinada a incorporar habilidades para facilitar e perpetuar o aprender a aprender. Essa mesma autora inclui a cultura informacional entre as expressões mais utilizadas quando se trata de formação para o uso da informação, como mostra o Quadro 3.

Quadro 3: Expressões mais frequentes na literatura

DOMÍNIO "USO DE LA INFORMACIÓN"		
Usage de l'information / maîtrise de l'information / *cultura informationelle* / *culture de l'information*	Information fluency / information literacy	Uso de la información / Domínio de la información / *cultura informacional* / *cultura de la información* / *alfabetización en información*
Recherche em Bibliothèque	Library Literacy	Consulta em Biblioteca
Processus de recherche d'information / recherche documentaire / methodologie documentaire	Information search process / information retrieval	Proceso de búsqueda de información / búsqueda documental / metodología documental
Formation à l'usage de l'information / formation documentaire	Information literacy education / bibliographic instruction	Formación en el uso de la infromación / formación documental
PRINCIPALES DOMINIOS ASOCIADOS		
Formation aux technologies / maîtrise des technologies	Technological fluency	Formación en nuevas tecnologías / domínio de las tecnologías
Maîtrise des réseaux informatiques	Network literacy	Domínio de redes informáticas
Formation de l'information	Computer literacy	Domínio de informática
Éducation aux média	Media literacy	Domínio de los Media
Éducation à l'image	Visual literacy	Educación en image
Pensée critique	Critical thinking	Pensamiento crítico

Pensée conceptuelle	Conceptual thinking	Pensamiento conceptual
Méthodes de travail intelectuel	Study skills	Métodos de trabajo intelectual / Métodos de estudio / Habilidades para el estudio

Fonte: Bernhard (2002, p. 426).

Buscou-se mostrar nesta seção que o conceito de cultura informacional abarca a formação dos usuários a partir do contato escolar, com a intensa participação do bibliotecário como ator propagador dessa cultura e responsável por viabilizar a alfabetização informacional, de maneira que o intuito é tornar o usuário apto a atuar em qualquer fase do ciclo informacional, bem como agregar na prática instrumentos tecnológicos que facilitem a busca, o armazenamento e a disseminação da informação. Porém, um dos objetivos mais difíceis de serem alcançados é obter o uso crítico da informação, o que significa que o usuário precisa de uma formação que não ensine apenas procedimentos de coleta e armazenamento, tocando em questões de percepção e avaliação da qualidade, da relevância e da veracidade da informação que chega a ele. Daí, não se pode discordar do que aponta Cornella sobre a cultura informacional ser um contexto maior de um país, e no qual a sociedade da informação deve estar fundamentada, posto que a educação proposta pelo Estado pode desenvolver as habilidades informacionais e críticas sobre o tipo de informação a que se tem acesso.

Em relação à forma defendida no presente trabalho, percebe-se que a principal diferença é que a cultura informacional tratada pela abordagem socioeducacional iguala a cultura informacional à alfabetização, porém, também a posiciona como um contexto. Na abordagem da gestão, tomada como a linha condutora do presente trabalho, a cultura informacional é tratada como contexto influenciador dos comportamentos informacionais.

O papel do bibliotecário é identificar, organizar, registrar e disponibilizar informação em bases de dados sobre o conhecimento contido em livros. Porém, de acordo com Rodriguez Rovira (2001), o contexto desse profissional também está sujeito ao volume de informação, ao tipo de suporte usado para armazenar a informação e, também, às diversas mudanças culturais que ocorrem em todas as organizações. Apesar desse autor não utilizar o termo cultura informacional, ou outros relacionados, acaba apontando as preocupações do profissional sobre como resolver o problema da demanda e da organização do conhecimento, indicando que parte dos conhecimentos produzidos, localiza-se apenas na mente das pessoas que atuam em determinada organização. Isto é, não podem ser gerenciados ou manejados, dependendo inteiramente de como os sujeitos trabalham a informação. Deduz-se que, mesmo que Rodriguez Rovira (2001) não tenha se aprofundado neste aspecto é evidente que lança preocupações sobre a dimensão subjetiva, principalmente porque considera que o conhecimento não pode ser registrado em um suporte. Contudo, discorda-se desse autor, pois o conhecimento pode ser conduzido e transformado, não se constituindo essa a tarefa mais complexa, mas sim, gerenciar o comportamento das pessoas de forma que compartilhem o que sabem e colaborem buscando desenvolver o conhecimento organizacional.

Assim, sintetizam-se os principais pontos de manifestação da noção de cultura informacional na abordagem socioeducacional, na qual essa cultura é decorrente da sociedade da informação, possuindo como atores responsáveis os bibliotecários e educadores. Assim, entre os muitos pontos de menção a essa cultura encontra-se seu vínculo com a alfabetização informacional. Toma-se como base, assim como na abordagem da gestão, que a informação é um recurso imprescindível e, por isso, valorizado. Essa valorização deve aparecer não apenas nos comportamentos, que correspondem à expressão dessa valorização, mas nos processos de formação de capacidades e habilidades das pessoas. Tais processos de formação pautados na cultura informacional pretendem uma formação voltada a usar a informação com inteligência, bem como ensinando as pessoas a aprender a aprender. Por tudo isso, considera-se que a cultura informacional na abordagem socioeducacional não se restringe à cultura informática, mas se utiliza desta para facilitar o acesso à informação. Portanto, existe uma relação cíclica entre a cultura informacional e a alfabetização informacional.

Algumas considerações podem ser extraídas do uso atribuído ao termo cultura informacional no que diz respeito à abordagem social e educacional ao tratar da atuação do profissional, da formação e educação dos usuários para atuarem no contexto da sociedade e economia da informação.

O primeiro ponto é a cultura informacional, que aproxima-se da alfabetização informacional, pois ambas buscam elucidar o contexto de atuação dos indivíduos, o preparo ou inserção necessário para isso. Entretanto, a alfabetização informacional está direcionada para instruir o indivíduo sobre como tratar informação. Por outro lado, a cultura é o contexto sociocultural que possibilita a existência de ações para desenvolver programas educativos e de formação. Assim, estende-se para programas que visam outros aspectos importantes para a sociedade da informação, como a alfabetização midiática ou tecnológica. Dessa forma, alfabetização refere-se apenas à formação no trato da informação.

A pretensão dessa breve discussão nessa seção foi refletir sobre algumas afirmações que circundam a cultura informacional, como por exemplo, de que o profissional da informação é responsável pela cultura informacional do usuário. Em outras passagens, percebe-se que a cultura informacional é vista como o contexto maior e antecedente de onde advém o usuário ou também é vista como equivalente à alfabetização informacional. Além disso, vincula-se o desenvolvimento dessa cultura à vivência escolar, momento em que o usuário frequenta bibliotecas etc.

Entretanto, cabem ainda algumas questões nessa discussão e que merecem respostas: ser alfabetizado em informação é o mesmo que dizer que o indivíduo possui cultura informacional? Saber escolher as melhores fontes de informação, coletar, armazenar e usar é suficiente para identificar um indivíduo com cultura informacional? Quanto à primeira questão, tomando-se como base o que foi discorrido na abordagem da gestão, não se pode afirmar igualdade entre os termos, isso porque a alfabetização informacional trata de formar um indivíduo de maneira que consiga manejar e usar a informação. Já a cultura informacional é o contexto de exposição no qual esse processo de formação efetiva o que se valoriza e acredita nessa cultura. Estão, portanto, relacionados, podendo-se dizer que o indivíduo alfabetizado em informação possui algum grau de cultura informacional. Sendo que para o segundo questionamento, a resposta é que sim. Pode identificar um indivíduo como possuindo cultura informacional pelo modo como maneja a informação.

Parte-se do ponto de vista de que a cultura informacional é um conjunto de comportamentos e conhecimentos que reflete o bom uso da informação. Entretanto, a cultura informacional trata de um conjunto de elementos e processos que influem no comportamento do indivíduo os quais são compartilhados com o grupo. Portanto, percebe-se essa cultura nos comportamentos.

Assim, essa abordagem contribui para o conceito de cultura informacional defendido nesse trabalho, ao tratar essa cultura como um contexto de formação dos indivíduos, sem o qual o desenvolvimento das competências informacionais fica prejudicado.

3. Abordagem tecnológica-comunicacional

As tecnologias de informação e comunicação foram incorporadas há algumas décadas pela Documentação/Ciência da Informação, perfazendo problemas e soluções de ordem técnica e humana, intensificando-se a partir da década de 1990. Assim, o contexto das *intranets*, do espaço digital e da cibercultura circundam as discussões da abordagem tecnológica-comunicacional.

O objetivo desta seção é acrescentar a abordagem tecnológica-comunicacional à discussão sobre a cultura informacional, posto que essa cultura se fundamenta também em tecnología e depende do processo de comunicação para disseminar entre os indivíduos informação, valores, crenças, e o modo de se comportar que é considerado correto pelo grupo.

Em um resumo sobre a sessão que tratava de *intranets*, organizada pela Socadi (Sociedad Catalana de Documentación e Información) apresentaram-se argumentos de vários conferencistas. Entre eles consta Abadal (1998), que expressa que

> *La instalación de una intranet en una organización puede ser bastante traumática según sea la política y la cultura informacional de la organización. Frecuentemente es causa de tensiones entre departamentos que luchan para obtener 'mayor cuota de web'.*

Isto é, a cultura informacional é fundamental como facilitadora para a instalação de ferramentas tecnológicas como a intranet. A afirmação de Abadal data de 1998 e demonstra que parte das preocupações que ajudam a construir a ideia de cultura informacional está associada à apreensão causada pela adoção das tecnologias de informação e comunicação. Assim, percebe-se que uma cultura informacional não difundida ou inexistente é motivo de conflito nas empresas, não apenas como forma de mostrar resistência à adoção de tecnologias de informação e comunicação, mas também fizeram vir à tona comportamentos que evidenciaram subculturas com valores e crenças distintos dentro das organizações.

Assim, essa noção de cultura informacional como facilitadora à adoção e ao uso das tecnogias de informação e comunicação é um dos pontos importantes para o que se defende no presente livro. A cultura informacional possibilita trabalhar a informação, sendo necessário acessá-la, armazená-la e disseminá-la fazendo o uso de tecnologias de informação e comunicação. Contudo, essas tecnologias são ferramentas e meios para trabalhar a informação, mas não podem ser consideradas protagonistas.

A cultura é um espaço social de trocas de informação e de aprendizado, sem o qual a implantação de modelos e adoção de tecnologias ficam inviabilizados. Cornella (2001) propõe discutir o espaço digital e seus instrumentos dirigidos para o intercâmbio juntamente ao espaço cultural. O autor explica não ser possível dissociar o espaço digital do social, isso porque o uso daquele depende de estímulos e mecanismos próprios a uma cultura de intercâmbio. O autor não usa o termo cultura informacional, porém, discorre sobre o mesmo espaço, o qual se vale do intercâmbio de informação entre as pessoas. Além disso, há que se considerar que a cultura informacional não se restringe à troca de informação, sendo considerada um contexto que pode aparecer em diferentes níveis (individual, grupal, empresarial, nacional) e em diferentes comportamentos informacionais, incluindo-se aí a identificação das necessidades e o uso. Dessa forma, Cornella (2001) explica sobre esse contexto, que é tratado no presente trabalho como a cultura informacional:

> *Resulta así tanto o más importante que disponer de un espacio digital es disponer de una cierta cultura de uso de esa información organizada. O sea que hay que diseñar un "espacio social", una serie de mecanismos que estimulen motive e incluso retribuyan la participación de los miembros de la organización.*
> (Cornella, 2001)

Os instrumentos tecnológicos devem ser acompanhados de estímulos para seu uso, bem como de mecanismos que favoreçam o intercâmbio e estimulem indivíduos a usarem essas ferramentas tecnológicas como meios para facilitar os fluxos informacionais. Em suma, é fundamental criar uma cultura de intercâmbio que supõe diminuir o percurso entre a informação e quem dela necessita (Cornella, 2001). Nesse sentido, parte dos fluxos informacionais usa as tecnologias de informação e comunicação tornando a informação registrada. Porém, outra parte precisa ser considerada, sendo aquela que ocorre na forma de comunicação digital, que pode ser registrada, mas que não é parte do que é considerado fluxo informacional formalizado. Esse fluxo informacional percorre ambientes digitais criados por ferramentas que estimulam a comunicação entre as pessoas. Muitas ferramentas com essa finalidade foram criadas e passaram ao uso cotidiano das pessoas e empresas de 2001 a 2015. Foram incorporadas aos fluxos de informação e permitiram que a cultura informacional pudesse se propagar mais rápido e com mais incentivos no ambiente empresarial.

Para Bustelo Ruesta e García Morales Huidobro (2000)

> [...] *es muy frecuente ver cómo los sistemas informáticos se conviertem en un fin en sí mismos, en vez de en un medio que facilite el acceso y la compartición de la información entre las personas.*

Assim, os autores expressam opinião de que as ferramentas tecnológicas não devem receber demasiada atenção, porquanto são apenas meios usados por indivíduos para acessar e compartilhar a informação. Posto isto, se o papel principal não pertence às ferramentas tecnológicas no que consta ao trato da informação, cabe às pessoas assumir esse posto, manejando e transformando a informação em um recurso que contribua à empresa. As ferramentas tecnológicas facilitam, estimulam e interferem nos fluxos de informação, mas é a cultura informacional que deve receber atenção, em virtude de ser determinante aos comportamentos.

Goitia, Sáenz de Lacuesta e Bilbao (2008) tratam da implantação de sistemas de informação empresarial, incluindo diferentes fases de análise da empresa. O relato desses autores inclui uma explicação detalhada de como ocorre o apoio da *Diputación*[14] às

---

14. Disponível em: <http://www.bizkaia.eus/home2/Temas/DetalleTema.asp?Tem_Codigo=6874&idioma=CA&dpto_biz=8&codpath_biz=8|6874>.

pequenas e médias empresas de Bizcaia, por meio do Serviço de Vigilância Estratégica Competitiva (SIE). Entre as várias condições listadas por esses autores para a implantação de um SIE, consta a necessidade de ter um clima favorável para a comunicação, bem como trabalho em equipe, pois isso permite que a informação e o conhecimento sejam compartilhados entre pessoas de departamentos diferentes.

Entre as conclusões de Goitia, Sáenz de Lacuesta e Bilbao (2008), constam alguns requisitos que precisam ser cumpridos, tais como: o sistema de informação empresarial ser considerado um patrimônio da empresa, o que conduz ao envolvimento de todos que fazem parte dela. Assim, o envolvimento significa que além de todos terem acesso ao SIE, também deverão participar de sua manutenção. Apesar dos autores não usarem especificamente o termo a cultura informacional no texto, incluem em parte da discussão questões comportamentais e de comprometimento, bem como de comunicação.

A informação pode ser obtida junto à rede social dos diretores e gerentes das empresas. Essa é a proposta de González Gálvez, Rey Martín e Cavaller Reyes (2011), que além disso, traçam a discussão no contexto de diretoria de enfermaria de hospitais da Rede Hospitalar de Utilização Pública da Catalunha. Nesse caso, apesar desses autores não tratarem a discussão com o termo cultura informacional, recuperam e elucidam conceitos importantes como o de rede social e de capital social, os quais estão vinculados à cultura informacional, pois tratam das relações sociais, por meio das quais, os diretores conseguem informação de valor estratégico. Como assinalam Cross e Prusak (2002) apud González Gálvez, Rey Martín e Cavaller Reyes (2011), as organizações não costumam agregar aos modelos de gestão da informação e do conhecimento a informação proveniente de relações sociais advindas das redes; em outras palavras, são informações de cunho informal e que são desconsideradas porque não participam dos fluxos de informação que percorrem a estrutura organizacional formal. À vista disso, a cultura informacional precisa incluir esses aspectos informais que fortificam os fluxos informacionais, usufrindo desse ambiente concomitantemente social e virtual.

Sanz Martos e Reig Hernández (2013) não expõem diretamente o termo cultura informacional, porém discorrem sobre os *social media* usados atualmente como um meio de compartilhar informação e obter aprendizagem social no contexto dos profissionais da informação. Nesse sentido, analisam diversos meios como *blogs* e comunidades em redes sociais como o Facebook, cuja finalidade é compartilhar e aprender. Sanz Martos e Reig Hernández (2013) sugerem que como as pessoas têm a capacidade inata de compartilhar e aprender com o coletivo, as mídias sociais representam o novo contexto, por meio do qual os profissionais da ciência da informação podem construir um ambiente favorável para trocas informacionais e para efetivar redes de aprendizagem.

As afirmações de Cross e Prusak (2002) e de Sanz Martos e Reig Hernández (2013) corroboram para a compreensão de que a cultura informacional não é equivalente à cultura informática, mas pode utilizar as tecnologias de informação e comunicação para construir um ambiente que é ao mesmo tempo social e virtual para acessar, armazenar e disseminar informação. As ferramentas tecnológicas também contribuem para a cultura informacional porque incentivam a colaboração entre os indivíduos.

O tema tratado por Sanz Martos e Reig Hernández (2013) relaciona-se à cultura informacional porque apresenta temas como a colaboração e o compartilhamento de informação por meio das TICs. Além disso, expõe uma das formas mais atuais de aprendizagem social, realizada por intermédio das ferramentas tecnológicas.

A colaboração entre os indivíduos indica assimilação de valores e crenças da cultura informacional e proporciona compartilhamento e contribuição para efetivar os fluxos informacionais. De acordo com Cunha e Cavalcanti (2008, p. 91), o colaborador é, "[...] em sentido amplo, todo aquele que contribui para a elaboração de um trabalho". O ato de contribuir mostra compreensão e assimilação do indivíduo em relação ao seu papel no grupo, logo a colaboração demonstrada nos fluxos informacionais é essencial para a cultura informacional. Ramo González et al. (2014) realizaram uma medição da cibercultura, que é a cultura digital, entre estudantes de uma universidade. Os mesmos autores explicam que a cultura é um elemento estrutural ou funcional da sociedade da informação, sendo, portanto, necessário que estudantes tenham uma cultura que indique comportamentos informacionais e aceitação e uso de ferramentas tecnológicas.

> *En la nueva era de la información y el conocimiento, el desarrollo social, económico y político de la sociedad en general dependerá en mayor medida de su nivel de cultura digital o cibercultura, así como de las condiciones de acceso a las tecnologías de la información y comunicación (TIC) y del nivel de capacitación de la ciudadanía en el uso de las mismas.* (Ramo González et al., 2014)

De acordo com Ponjuán (2000), citada por Ramo González et al. (2014), a cultura informacional é uma categoria mais ampla que a alfabetização informacional, isto é, a cultura informacional é o contexto de onde emergem a alfabetização informacional e os comportamentos informacionais. Deve-se observar que a cultura digital ou cibercultura é parte da realidade de alguns indivíduos e não de outros, afetando a socialização e a formação dos indivíduos a respeito de como devem tratar a informação, bem como a percepção que possuem sobre o que devem fazer para acessar, disseminar e sobre como usar a informação. A cibercultura é, de certo ponto de vista, a cultura informacional, porém, apenas definida a partir do uso das ferramentas tecnológicas.

Dessa forma, a cultura informacional é o conjunto de práticas realizadas pelos indivíduos que visam manejar a informação, o que pode ter a contribuição direta do uso das ferramentas tecnológicas.

No contexto estratégico do mercado de edições eletrônicas (EE), Cornella (1996) afirma que:

> *En la actualidad, las dos principales tipologías de usuários de los distintos servicios de EE existentes son los trabajadores del conocimiento (aquellos que dedican gran parte de su tiempo laboral a manejar información, lo que generalmente implica una cierta cultura informacional e informática) y los entusiastas de la informática (aquellos que dedican la mayor parte de su tiempo libre a estar al día, y a jugar, con las nuevas tecnologías de la información).*

Dessa citação de Cornella, pode-se obter uma aproximação com a noção de cultura informacional defendida no presente trabalho, uma vez que o uso desse termo pelo autor indica a presença dessa cultura, que é justificada pelo fato dos indivíduos trabalharem a informação para construir conhecimento no ambiente de trabalho.

A aceitação e o uso são barreiras que precisam ser eliminadas para efetivar o uso das ferramentas tecnológicas em programas de aprendizagem, no que diz respeito a organizar e acessar a informação. Tais barreiras podem ser amenizadas pelo contexto sociocultural que conduz as atitudes mais favoráveis. Dessa forma, a cultura também depende de frequente adaptação, de maneira que não desenvolva apenas práticas voltadas a eliminar as barreiras às tecnologias e a colaboração no fluxo de informação e na comunicação, mas criar mecanismos que previnam percepções negativas sobre a participação dos indivíduos no compartilhamento.

Perfazendo um conjunto de componentes tais como os valores, as crenças, as normas, os mitos, as práticas, entre outros, que resulta em comportamento informacional, a cultura informacional depende de uma comunicação que permita o fluxo informacional.

Em um estudo realizado junto a um grupo de empresas pertencentes à *Fomento de la producción*, buscou-se verificar questões envolvendo a gestão da informação, os tipos de informação, os usuários e os meios de transmissão. Martínez López et al. (2013) acabaram tocando em um aspecto importante para o emprego de tal noção de cultura informacional, que é a comunicação na organização. Os resultados do estudo coletados propuseram uma leitura comparativa entre dados coletados em 2002 com dados referentes a 2012. A análise dos dados assinala o crescimento da comunicação por meios eletrônicos, porém essa situação não conduz à extinção do uso de meios tradicionais como ocorre com a preferência de muitos por uma comunicação face a face (reuniões presenciais). Supõe-se que isso se deve ao tipo de necessidade informacional apresentada pelos indivíduos, conduzindo--os a se comunicarem com pares de trabalho para ter acesso à informação, bem como ao tipo de informação requerida, sendo que esta pode depender de maior vínculo pessoal e laboral para ser acessada.

Martínez López et al. (2013) explicam que meios eletrônicos de comunicação oferecem novas possibilidades de interação, bem como sugerem que o uso da informação mostrou-se difundido por toda a organização, perfazendo um processo de democratização da informação, no que confere à participação de toda a estrutura organizacional. Mesmo assim, não é possível concluir que todas as pessoas acessam todo tipo de informação dentro de um grupo no interior das empresas investigadas pelos autores. As possíveis restrições de acesso que são barreiras à informação se devem aos objetivos de cada nível da estrutura organizacional, não sendo compatível acessar informações específicas de outros níveis, ou de outros setores. Dessa forma, a cultura informacional deve incentivar a interação e o compartilhamento, mas tudo pensado dentro dos limites da estrutura organizacional e dos objetivos da organização. A própria cultura informacional deve prever o respeito às barreiras departamentais e entre os níveis da estrutura organizacional.

A comunicação eletrônica ajuda a difusão da informação pela organização. Sendo assim, trata-se de um processo sociocultural que permite fazer a conexão entre as partes da estrutura e efetivar os fluxos de informação.

Em síntese, a abordagem tecnológica-comunicacional refere-se à cultura informacional, no seguinte sentido: a cultura informacional é parte do que se considera sociedade da informação, e, por isso, é voltada para estimular o uso da informação, se constituindo em um contexto social motivador quanto à participação dos indivíduos no acesso, produção e uso da informação. Além disso, abrange a alfabetização informacional, porque depende da formação e preparo para manejar a informação por meio das ferramentas tecnológicas. Dessa forma, a comunicação eletrônica promove a difusão da informação pela empresa, tratando-se de um processo sociocultural que permite ligar as partes da estrutura organizacional e efetivar os fluxos de informação. Por fim, na abordagem tecnológica-comunicacional o tratamento da informação, a aprendizagem e o comprometimento se vinculam à aceitação e uso da tecnologia de informação e comunicação, cujo reflexo desse uso é sentido no compartilhamento de informação na maior interação nas comunidades de redes sociais.

O contexto sociocultural no qual o profissional da informação trabalha, implanta modelos, desenvolve procedimentos e intervém para alcançar um usuário preparado para manipular informação, exige que consiga incorporar no comportamento dos usuários atitudes como o comprometimento, o compartilhamento de informação, uso de fontes de informação, entre outros. Como visto, para compreender e influenciar o comportamento humano há que se considerar um arcabouço teórico advindo da Psicologia e Sociologia aplicado ao ambiente organizacional.

O documentalista precisa interferir no comportamento humano, nas organizações em geral. Atuar sobre o comportamento implica em identificar quais existem e precisam ser modificados e a forma como isso deve ser conseguido.

Pode-se inferir uma possível lacuna curricular na Documentação indicada pelas dificuldades apontadas nos textos, a qual não pode ser suprida apenas com a prática profissional. Devendo ser inserido como um conjunto de teorias e práticas voltadas a compreender a dinâmica comportamental e organizacional. Porém, preencher essa lacuna significa não manter o foco apenas em desenvolver investigações sobre os comportamentos, buscando incluir também compreensão sobre valores, crenças, mitos, rituais, práticas da cultura informacional.

Conhecer o contexto em que se produzem determinados comportamentos é parte do estudo da cultura informacional, uma vez que a análise exclusiva comportamental expõe apenas parte do que os indivíduos valorizam e, portanto, expressam em suas práticas.

Nesse caso, convém estudar questões nucleares à cultura informacional para obter como resultado a modificação, dos comportamentos.

Sendo assim, sugere-se que a cultura informacional, na vertente defendida neste estudo, seja incorporada como tópico de estudo, buscando distingui-lo da alfabetização informacional. Deve-se considerá-la igualmente um componente da prática profissional, para que a cultura informacional abandone a condição de obstáculo e objeto marginalizado.

Sabe-se que o ensino superior em Documentação na Espanha assimilou o estudo de Organização e Métodos entre os conteúdos advindos da Administração, suprindo necessidades importantes quanto a como dar forma e compreender os fluxos de recursos e de comunicação em uma instituição. Apesar desse grupo de conhecimentos incluir questões sobre estrutura formal e informal, não é suficiente para garantir uma extensa compreensão da cultura informacional. Isso é reafirmado por Fernández Cuesta (2005, p. 68), quanto à Proposta de Competências Transversais genéricas do Título de Graduação em Informação e Documentação da Aneca (Agencia Nacional de Evaluación de la Calidad y Acreditación)[15], na qual constam competências instrumentais, pessoais e sistemáticas. Nas duas últimas, menciona-se trabalho em equipe, relações interpessoais, liderança, conhecimento de outras culturas e costumes. Apesar disso, compreende-se ser pouco para dar conta da cultura informacional, visto que pode ser observada em distintos ambientes informacionais, bem como em níveis de análise pequenos, como no comportamento informacional de apenas um grupo ou de um país inteiro. De forma que, os elementos de investigação de uma cultura informacional precisam contemplar diferentes perspectivas.

Quanto aos objetivos traçados para esta investigação, obteve-se como resultado que o tratamento do termo cultura informacional possui imprecisão semântica, especialmente assinalando carência em desenvolver em cada abordagem citada uma noção mais clara, assim como métodos de estudo e intervenção prática.

O conceito mostra-se presente na Ciência da Informação na Espanha a partir da década de 1990, prolongando-se até a atualidade. Assim, considera-se que as influências teóricas a respeito do termo cultura informacional podem ser atribuídas originalmente à Psicologia, à Sociologia e Antropologia, uma vez que estas áreas já foram citadas amplamente por terem contribuições mais gerais à Ciência da Informação/Documentação.

Como objetivo secundário da pesquisa foi possível investigar a relação entre comportamentos de produção e uso da informação com a cultura informacional no contexto da empresa. Como assinalado, os comportamentos de produção e uso da informação dependem da presença de uma cultura informacional apropriada. Comportamentos de compartilhamento e a presença de tecnologias ou de modelos de gestão também possuem efeitos sobre a produção e uso de informação.

---

15. Disponível em: <http://www.aneca.es/var/media/150424/libroblanco_jun05_documentacion.pdf>.

Com o intuito de propor uma síntese das considerações traçadas e um conceito, conclui-se que: a cultura informacional é um contexto sociocultural composto por valores, crenças, mitos, rituais, práticas e comportamentos que se voltam ao consumo e produção de informação, com comportamentos informacionais construídos por processos de formação e socialização que possibilitem aos indivíduos manejar informação. Desse modo, as informações demandadas pelos usuários são determinadas pela cultura informacional instalada. Um estudo desta cultura é necessário para determinar os valores, crenças, mitos, normas etc., como também, os hábitos de acesso, de uso e de compartilhamento da informação. Tudo isso, porque as necessidades informacionais e os comportamentos informacionais precisam de uma cultura informacional que elimine o medo de compartilhar, bem como estimule a busca e uso de informação advinda de fontes formais e informais, internas e externas à empresa. Por fim, é necessário considerar que essa cultura informacional deve ser planejada e gerenciada pelo conjunto de profissionais da documentação e de recursos humanos que compreendam como estimular comportamentos e fluxos informacionais ambos voltados a manejar a informação.

Ressalta-se que a Documentação precisa continuar a discussão teórica da cultura informacional, para formular medidas concretas de gestão da cultura, porque se trata de uma parte fundamental das organizações/empresas. O desenvolvimento da cultura informacional em uma empresa ou organização que se preocupa com a gestão dos recursos informacionais garante um espaço mais bem delimitado para os produtores e os usuários informacionais, sendo conscientes do papel que ocupam na estrutura da organização.

CAPÍTULO 2. A CULTURA INFORMACIONAL NO SETOR ELETROELETRÔNICO DA ESPANHA[16]

Pretende-se nesta seção, realizar uma investigação sobre a cultura informacional no setor de eletroeletrônicos da Espanha, se fundamentado na noção de que os comportamentos de compartilhamento ou troca, de busca e de identificação de necessidades são decorrentes de valores, crenças, rituais, bem como do processo de socialização e da comunicação organizacional voltados a manejar a informação no ambiente empresarial. Desse modo, a intenção foi testar a relação entre tais comportamentos e elementos da cultura informacional em um ambiente empresarial.

1. O setor eletroeletrônico espanhol

Esta seção propõe-se a elucidar sobre o setor de eletroeletrônico da Espanha. Sabe-se que se trata de um setor amplo, sendo demasiado o número de empresas e indústrias que o integram. Segundo Kjolseth (2005):

> el adjetivo "electrónica" es un término amplio que abarca una amplia gama de empresas, desde fabricantes de equipos de oficina y ordenadores (epígrafe nace 30) y fabricantes de aparatos y maquinaria (nace 31) a fabricantes de equipos y aparatos de televisión y comunicación (nace 32).

A Asociación de Empresas de Electrónica, Tecnologías de la Información y Telecomunicación de España define esse setor

---
16. As informações expostas sobre o setor foram organizadas por meio da análise de conteúdo, utilizando a técnica de análise de categorias. As categorias elegidas para a seleção e organização foram: composição do setor, exportação e importação, inovação, tecnologias de informação e comunicação e capital humano.

como sendo um hipersetor composto por operadores e provedores de serviços de telecomunicação, tecnologias de informação e indústria eletrônica; sendo que esta se divide em: 1) Indústria Eletrônica: componentes eletrônicos; tubos; semicondutores; componentes passivos e eletromecânicos; outros componentes e antenas; subcontratação eletrônica; 2) Eletrônica Profissional: instrumentação e equipamentos didáticos; eletrônica de defesa, detecção e navegação; eletrônica industrial; eletromedicina; radiodifusão e televisão; integração e instalação de sistemas; 3) Eletrônica de Consumo: áudio; televisão; câmeras fotográficas digitais; vídeos; suportes magnéticos; decodificadores de TV; 4) Indústrias de Telecomunicação: equipamentos de telecomunicação; integração de sistemas e serviços associados (Observatório Industrial de Sector de Electrónica..., 2009, p. 7).

Dessa forma, as informações do setor serão apresentadas de acordo com a análise de documentos realizada a partir das unidades de recorte sobre dois documentos. Esta análise não segue um formato descritivo, mas textual.

Para análise de conteúdo nos documentos do setor, três categorias principais foram escolhidas para compor a análise, pois para o tema cultura informacional é conveniente que os documentos aportem questões envolvendo a presença e o uso de tecnologias de informação, valorização, uso da informação e o tratamento dado aos recursos humanos. Tais categorias foram formuladas previamente à leitura dos documentos, baseando-se na revisão de literatura de cultura informacional desenvolvida no capítulo anterior. Contudo, foi necessário realizar um recorte temático, o que levou a abrir mão de muitos assuntos referentes ao setor, tal como a insuficiência de políticas nacionais estimuladoras para o setor produtivo.

A análise de conteúdo propõe descrever (organizar), inferir e interpretar. Dessa forma, é necessário que em uma primeira etapa, denominada de Descrição, realize-se a pré-análise, na qual se organiza os documentos, formulam-se hipóteses e elaboram-

-se indicadores que devem ajudar na formulação de unidades de codificação e na classificação. Nesse caso, a unidade de codificação escolhida foi o tema ou assunto, enquanto a classificação usada foi a categorização. Ainda no que diz respeito à Descrição, encontra-se paralelo à pré-análise a Exploração, na qual se realiza a leitura de reconhecimento e leitura para separação das unidades de codificação para alcançar a classificação. Além da Descrição, existe a Inferência ou Interpretação, dedicando-se a realizar testes e mostrar descobertas sobre o material analisados (Bardin, 1977). Dessa forma, propõe-se a organização da descrição e da inferência dos conteúdos analisados.

Apresentam-se algumas informações do setor com o intuito de fazer uma breve contextualização, especialmente porque não se trata de um setor que recebe atenção da Documentação/Ciência da Informação.

A eletrônica está no cotidiano das pessoas e das empresas. A indústria eletrônica tem um papel importante para o desenvolvimento de outras indústrias e para a manutenção da vida atual, posto que são muitas as ferramentas informáticas utilizadas pelas pessoas, como também são diversas as aplicações da eletrônica em máquinas diversas. Martínez Ruiz, Maqueda e Diego (1999, p. 220) explicam que esse setor contribui para a vida cotidiana, especialmente com os aparatos informáticos.

Conforme o Observatório Industrial de lo Sector de Eléctrica, Tecnologías de la Información y Telecomunicaciones (2009, p. 7), o setor de eletrônica encontra-se em um Hipersetor eTIC, termo que surgiu na década de 1990, momento em que apareceu a internet e, em razão disso, maior integração da informação. Assim, trata-se de um setor que perpassa e contribui para a manutenção e o desenvolvimento de muitas outras áreas, industriais e de serviço. Também se acrescenta que esse setor pode ser considerado um:

> [...] *conjunto de actividades de investigación, desarrollo, fabricación, integración, instalación, comercialización y mante-*

nimiento de componentes, subconjuntos, productos y sistemas físicos y lógicos, fundamentados en la tecnología electrónica, así como en la explotación de servicios basados en dichas tecnologías, la producción y difusión de contenidos soportados electrónicamente y las aplicaciones de Internet. (Observatório Industrial del Sector de Eléctrica, Tecnologías de la Información y Telecomunicaciones, 2009, p. 7)

Segundo o Observatório Industrial del Sector de Eléctrica, Tecnologías de la Información y Telecomunicaciones (2009, p. 12-14), o setor apresenta pouca orientação voltada a atividades industriais com valor agregado, enquanto o setor em países como Finlândia e Coreia tem intensa inovação e uso de TIC, cujo resultado são produtos com alto valor agregado e especialização. As dificuldades do setor também são um reflexo de que na Espanha é crescente a desindustrialização ou a diminuição da indústria, posto que tem se deslocado a países com menores custos de produção. O mesmo observatório destaca ainda que "El sector industrial español se ha reducido en más del 30% desde 1990".

O setor de eletrônicos da Espanha ocupa uma posição com baixo destaque no que diz respeito à participação nas exportações totais da indústria espanhola. Trata-se de um setor formado por um elevado número de pequenas e médias empresas, dispondo de mais de 1.300 empresas, sendo que 20 destas são consideradas de grande porte (SG Estudios, Análisis y Planes de Actuación apud Presentaciones Sectoriales, 2014).

O total de empresas do referido setor definido pelo INE (Instituto Nacional de Estatística) é indicado na Tabela 1:

Tabela 1: Encuesta industrial de empresas – resultados nacionais com o número de empresas por setores de atividade em 2003

	Total de empresas
Fabricación de componentes electrónicos y circuitos impresos ensamblados (CNAE 26.1)	551
Fabricación de ordenadores y equipos periféricos (CNAE 26.2)	672
Fabricación de equipos de telecomunicaciones (CNAE 26.3)	116
Fabricación de productos electrónicos de consumo (CNAE 26.4)	76
Fabricación de instrumentos y aparatos de medida, verificación y navegación; fabricación de relojes (CNAE 26.5)	755
Equipos de radiación y electromédicos; instrumentos de óptica y fotográficos; soportes magnéticos y ópticos (CNAE 26.6, 26.7, 26.8)	190
Fabricación de motores, generadores y transformadores eléctricos, y de aparatos de distribución y control eléctrico (CNAE 27.1)	854
	3.214

Fonte: INE[17].

Verifica-se na divisão 26 do CNAE-2009 que o setor de eletrônicos da Espanha é bastante segmentado. Os subsetores citados no Informe Sectorial apresentado pelo Ministério da Indústria, Energia e Turismo, de abril de 2014 incluem também as TICs.

División 26 – Fabricación de productos informáticos, electrónicos y ópticos: "*Esta división comprende la fabricación de ordenadores, periféricos, equipos de comunicación y productos electrónicos similares, así como la fabricación de componentes para tales productos. Los procesos de producción de esta división se caracterizan por el diseño y el uso de circuitos integrados y la*

---

17. Disponível em: <http://www.ine.es/jaxiT3/Datos.htm?t=2539>.

> *aplicación de tecnologías de miniaturización altamente especializadas. La división comprende asimismo la fabricación de productos de electrónica de consumo, equipos de medida, verificación y navegación, dispositivos de radiación, electromédicos y electroterapéuticos, e instrumentos y equipos ópticos, así como la fabricación de soportes magnéticos y ópticos".* (<http://www.ine.es/daco/daco42/clasificaciones/cnae09/notas.pdf>)

As empresas do setor de eletrônica apresentam a tendência a adotar as TICs, porém, a aquisição não significa que ocorre o uso efetivo. Deve-se levar em conta o uso das TICs por essas empresas e não apenas a aquisição, pois, como assinala o Observatório Industrial del Sector de Electrónica, Tecnologías de la Información y Telecomunicaciones (2009), "España tiene un menor nivel agregado de uso de las TIC en las empresas". Além disso, o mesmo Observatório (2009) explica que:

> [...] *en función de su nivel de adopción que representan sus empresas, lo cual indicaría que el nivel de uso es más relevante como factor que potencia la innovación que el nivel de adopción de las TIC en el ámbito empresarial.*

Em outras palavras, é mais importante fazer o uso que apenas possuir a tecnologia de informação nas empresas.

Por uma parte, nota-se que a inovação ocorreu de forma mais acentuada entre 2011 e 2013 no setor, na categoria *Productos informáticos, electrónicos y ópticos* em 56,7% das empresas[18]. Por outra parte, é necessário destacar a diminuição dos custos destinados a pessoal em 13% no subsetor de material e equipe elétrica, eletrônica e ótica (INE, 2010, p. 51).

O setor de eletrônicos da Espanha possui 75,3% do total de empresas realizando exportações, compondo a maior parte dessa indústria, segundo ASG Estudios, Análisis y Planes de

---

18. Disponível em: <http://www.ine.es/prensa/np890.pdf>.

Actuación, cujos dados advêm da Encuesta Industrial de Empresas (2012). Contudo, não atingiu volume significativo de exportações, pois quando comparado, a indústria espanhola é responsável apenas por 2,0% do total.

As comunidades autônomas com maior número de empresas no setor, maior número de ocupados e maior valor de produção são Catalunha, Comunidade de Madri e País Vasco.

Tanto o Índice de Produção Industrial (IPI) total da Espanha como o IPI do Setor de Eletrônica e TIC espanhol apresentaram uma queda do Índice de Produção Industrial, entre 2008 e 2009, recuperando-se em 2010, mas voltando a cair entre 2011 e 2012. O setor apresentou uma ligeira recuperação em 2013. Em um comparativo do setor da Espanha e da União Europeia, percebe-se que ambos submeteram-se a uma forte desaceleração em 2009, recuperando-se em 2010, para voltar a desacelerar entre 2011 e 2012. Porém, a partir de 2013, ocorreu melhora no IPI do setor de Eletrônica e TIC da Espanha enquanto a União Europeia manteve um crescimento mais fraco (Índice de Precios Industriales – INE apud Presentaciones Sectoriales, 2014).

A situação da indústria eletrônica na Espanha piorou nos últimos anos, sendo o quinto produtor da UE. Espanha tem consumo maior que a própria produção, o que reflete o déficit na balança comercial do setor de manufatura, com um consumo de 8,4% e uma produção de 5,6%, dentro da União Europeia, conforme consta no Observatório Industrial del Sector de Eléctrica, Tecnologías de la Información y Telecomunicaciones (2009, p. 19).

A conjuntura do setor apresenta dados sobre as dificuldades que enfrenta em função da recessão econômica desde 2008, como mostram os dados do SG Estudios, Análisis y Planes de Actuación, citado no documento Presentaciones Sectoriales (2014). Tais dados também indicam que: as importações são maiores que as exportações desde 2008, persistindo um déficit comercial, o qual vem sendo diminuído nos últimos anos porque as importações estão apresentando redução. As exportações do setor apresentaram-

-se negativas de 2011 até os primeiros meses de 2013, produzindo um quadro de melhora a partir do segundo semestre de 2013.

Outro dado que tem importância para o setor é que 67,1% do total da produção se destina à exportação, segundo dados da Contabilidade Nacional da Espanha produzidos em 2005 citados por Presentaciones Sectoriales (2014).

Em conformidade aos aspectos do setor sobre o total da indústria e fazendo uma comparação entre Espanha e União Europeia, verificou-se em 2011 que:

- O número de empresas do setor compunha 1,5% do total da indústria espanhola e 2,1% da UE;

- A produção era de 0,8% do total da indústria da Espanha e de 3,6% da UE;

- O número de ocupados do setor era de 1,6% em relação ao total da Espanha, e 3,6% da UE;

- As exportações do setor foram de 3,7% do total da indústria na Espanha, enquanto na UE, o setor foi responsável por 10,4% do total das exportações;

- Foram 9,6% as importações realizadas pelo setor com relação ao total da indústria espanhola e 12,1% pela UE.

Para reiterar o exposto sobre as inferências obtidas das unidades de recorte dos documentos do setor, conclui-se que o hipersetor de eTIC possui uma estrutura bastante complexa, cuja produção é realizada por subsetores fragmentados em empresas de diferentes tamanhos e que compõem distintos equipamentos, utensílios, máquinas. Entretanto, o setor na Espanha vem apresentando dificuldades para manter-se competitivo e demonstra existir um deslocamento para países do Leste europeu, uma vez que os salários pagos na Espanha estão na média europeia, porém há falta de profissionais qualificados e formados em especialidades de interesse desse setor. Porém, percebe-se um apelo nos documentos para que esse setor tome medidas que garantam a produtividade por meio da inovação ao valorizar profissionais qualificados com maior nível salarial. Sabe-se também que o valor salarial e seu crescimento foram menores que em outros países, como indicado no documento Observatório Industrial del Sector de Eléctrica, Tecnologías de la Información y Telecomunicaciones (2009).

Parece evidente que na Espanha essa indústria apresenta baixo nível de competitividade percebido, por exemplo, no maior volume de importação que de exportação, e o cenário não apresenta perspectivas de melhora em curto prazo, tendo em vista que a indústria fundamenta-se em produtos com menor valor agregado. Essa tendência parece consolidar um ciclo em que se produz valor agregado baixo, com parcos retornos financeiros e salários que permanecem na média ou abaixo da europeia.

Os cursos de formação superior dirigidos ao setor vêm apresentando queda no número de formados, conduzindo à falta de pessoal e a um menor volume de investigadores e de inovações na área, sendo que junto a isso se constata que mais da metade das empresas do setor afirmam que realizam inovação (Presentaciones Sectoriales, 2014), o que não significa que estejam conseguindo agregar valor aos produtos. Isso porque a inovação costuma estar associada ao uso de tecnologias de informação e comunicação e que, no caso da Espanha, apresenta-se abaixo da média da União Europeia. Assim, deve-se assinalar que quanto maior o grau de implantação e uso de TICs mais desenvolvido economicamente mostra-se o país na UE.

Além disso, e ajudando a caracterizar os sujeitos que participaram da investigação, questionou-se no instrumento de pesquisa, o nome do posto de trabalho que o sujeito de pesquisa ocupava na empresa. As respostas, incluindo as repetições de nomenclatura, indicaram: Export Manager, Jefe de Producto, Administración y Vendas, Dirección Comercial, Comercial, Jefe de Vendas, D. Exportación, Jefe, MKT, Resp. Dept. Radiofrecuencia, Director Comercial, Manager operacional, Gerente, Gerente, Técnico, Gerente, Gestor de Grandes Cuentas, Comercial; sendo que dois não indicaram o nome da ocupação e dois indicados eram ilegíveis.

Os dados coletados com o instrumento de pesquisa mostram que a maior parte dos sujeitos de pesquisa possui um tempo de experiência inferior a 15 anos, concentrando-se grande parte entre um e cinco, e entre seis e dez. Assim, sete indicaram possuir entre um e cinco anos, seis indicaram entre seis e dez anos, cinco indicaram ter entre onze e 15 anos, um entre 16 e 20 anos, e, dois com mais de 20 anos.

Dessa forma, percebe-se que há necessidade de trabalhar a informação no setor, pois depende de constante inovação nos produtos e serviços, de forma que a cultura informacional é determinante como contexto incentivador de comportamentos informacionais que corroboram para manejar a informação.

2. Análise da cultura informacional das empresas do setor de eletroeletrônicos da Espanha

O propósito desta análise é identificar a cultura informacional no setor de eletroeletrônicos, utilizando o conceito defendido no capítulo anterior como parâmetro para estruturar o instrumento de pesquisa. Assim, até a seção "e" se analisa com base nas correlações de Pearson, e na "f" adota-se a análise do *Ranking* Médio.

Além disso, no mesmo instrumento de coleta de dados que continha afirmativas elaboradas de acordo com a escala de Likert, também contou com questões dissertativas, as quais foram preenchidas por apenas onze dos respondentes. Alguns dos participantes responderam apenas uma do total de três questões, e em muitos casos, de forma parcial ou com insuficiente detalhamento. Assinala-se que a última questão não possuía um direcionamento específico, ficando aberta para que o sujeito acrescentasse informações ou comentasse o que julgassem interessante sobre cultura informacional da empresa.

Assim, expõem-se ponderamentos sobre as respostas, mas sem que uma conclusão possa ser estendida a todos os participantes da pesquisa, como também, não se pode aproveitar tais informações para chegar às conclusões sobre todo o setor. Mesmo assim, optou-se por descrever brevemente o que os sujeitos indicaram como resposta.

A partir da análise de dados coletados junto às 22 empresas, de um universo de 30 empresas, através de um instrumento em escala de Likert, serão apresentadas primeiramente as correlações fortes, e depois as fracas e as inexistentes. As correlações moderadas não foram acrescentadas porque demonstram concordância com a tendência que emerge nas correlações fortes.[19]

Assim, optou-se por tratar primeiro as correlações fortes em tópicos e, em seguida, das correlações fracas ou inexistentes.

As correlações foram agrupadas em categorias que visaram expor elementos e processos, muitos dos quais apareceram relacionados de forma que não foi possível isolar as categorias apenas contendo elementos ou apenas comportando processos, o que claramente dificulta uma divisão mais didática para a leitura das correlações.

Dessa forma, as correlações foram estruturadas em três grupos:

1. Contexto da cultura informacional, contendo temas sobre a cultura, a confiança e as tecnologias de informação e comunicação;

2. Elementos da cultura informacional, contendo valores, crenças, padrões, normas e regras;

---

19. Muitos itens apresentaram correlação moderada, cujo coeficiente ficou entre 4 e 6,9. Entretanto, as moderadas não serão analisadas, posto que sustentam as considerações feitas sobre as correlações fortes e aparecem em grande quantidade na Matriz de Correlação de Pearson, de maneira que muitas correlações importantes para a cultura informacional apresentaram-se mais do ponto de vista positivo que negativo.

3. Processos da cultura informacional, contendo temas sobre socialização/treinamento e comunicação.

a) *Contexto da cultura informacional*

Nesta seção são abordadas correlações que mostram a cultura informacional e correlações que indicam a presença da confiança e das tecnologias de informação e comunicação. Assim, essa seção foi denominada de contexto, justamente porque indica a presença da cultura informacional como um contexto, permeado pelo uso de ferramentas tecnológicas e pela confiança, necessários para conseguir o compartilhamento de informação.

No que se refere aos itens 14 e 15 do instrumento de coleta de dados ("La cultura de la organización influye en la distribución de información" e "La cultura de la organización influye en la búsqueda de información"), resulta oportuno assinalar que esta correlação (sendo $\alpha = 0,89$, p-valor $< 0,05$) é importante para comprovar que existe a cultura informacional nas organizações investigadas, porém também para fazer patente à influência da cultura sobre os comportamentos destinados a trabalhar a informação.

Supondo que a cultura informacional tem relação com as condições ou com o ambiente para que os comportamentos corretos possam ser exercidos, foi feita a comparação entre os itens 30 e 37 ("La empresa provee condiciones para compartir información" e "La cultura de la organización busca construir y mantener un ambiente con flujos de información entre las personas") obtendo uma correlação forte (sendo $\alpha = 0,73$, p-valor $< 0,05$).

Para esta correlação oferece-se como explicação que a cultura da informação é algo que se constrói e pode ser planejada. Por isso, quando existe um ambiente que permite e incentiva determinados comportamentos, é inevitável deduzir que não apenas as condições podem ser fomentadas, como inclusive podem contribuir para o ato de compartilhar informação, necessário para os fluxos de informação. A cultura da informação constrói um ambiente favorável para o trato da informação. Ginman (1987) propõe que a cultura informacional vincule-se aos aspectos materiais, devendo ser planejada, como interpretaram Choo et al. (2008, p. 793) sobre o que proferiu Ginman (1988).

Com referência à comparação obtida entre os itens 36 e 38 ("Las personas suelen usar estándares de comportamiento considerados correctos por la organización" e "La cultura de la organización influye na interacción entre las personas") supõe-se dessa forte correlação (sendo $\alpha = 0{,}74$, p-valor $< 0{,}05$) que o uso dos padrões de comportamento está associado à cultura da organização.

Porém, na medida em que a cultura é a responsável por prover os padrões, entende-se que os costumes repercutem os valores e as crenças; isso ocorre de tal maneira, que se pode assegurar que nas empresas investigadas existe uma cultura capaz de influenciar e de estabelecer padrões, seja para facilitar ou para estimular a interação das pessoas.

A interação social é um resultado importante da cultura informacional, porque os fluxos de informação estão condicionados a ela. Mesmo que a estrutura organizacional seja bem planejada, nem sempre a comunicação e a interação social ocorrem da forma apropriada. Dorner, Gorman e Calvert (2015, p. 24-25) compreendem que o contexto cultural determina as necessidades informacionais, bem como o que as pessoas fazem para lograr satisfação, corroborando com o que ocorre na cultura das empresas pesquisas.

Dessa forma, a relação que se estabele entre o conceito de cultura informacional defendido e as inferências apresentadas é que existe cultura informacional nas empresas pesquisadas, uma vez que aparece como contexto determinante para os comportamentos informacionais. Também ficou clara a existência da favorabilidade para comportamentos de compartilhamento de informação, pois se identificou a confiança em algumas correlações.

Em geral, supõe-se que ao existir normas e principalmente valores de incentivo sobre como atuar em relação à informação e seu fluxo, o que se espera é que as pessoas sintam-se dispostas a distribuir ou executar qualquer outro tipo de comportamento informacional. Sendo assim, é provável que se a cultura informacional emprega esforços para propiciar um ambiente para a troca de informação, isto pode resultar em um estado de confiança, refletindo nos comportamentos. No que concerne à correlação (sendo α = 0,72, p-valor < 0,05) encontrada entre os itens 33 e 37 ("Hay confianza para realizar la distribución de información" e "La cultura de la organización busca construir y mantener un ambiente con flujos de información entre las personas"), deduz-se que a cultura fornece um estado de confiança que se vincula ao que é proporcionado às pessoas em termos de valores, normas e crenças. Assim, a cultura informacional proporciona confiança para as pessoas participarem da transferência de informação.

Sabe-se que se existe o uso intensivo da informação, e isso corresponderá à confiança proporcionada pela cultura informacional (Soares Torquato, 2007, p. 54). Analisando o tempo de vínculo dos sujeitos de pesquisa com a empresa, percebe-se que as organizações investigadas podem fazer ajustes sobre as novas necessidades informacionais derivadas da redução de produção industrial, diminuição ou deslocamento do setor para outros países, como identificado na análise de conteúdo nos documentos do setor. Nesse sentido, o uso intensivo de informação associa-se à confiança dada pela cultura informacional das organizações investigadas.

Nesse caso, no conceito de cultura informacional defendido no presente estudo há menção à necessidade de eliminar o medo de compartilhar informação, bem como a necessidade de estimular a busca e o uso da informação, de modo que entre os resultados da cultura informacional encontra-se o estado de confiança nas pessoas, nas fontes e na própria informação que circula na empresa.

b) Tecnologias de informação e comunicação vinculadas a valores, suporte e contexto

As tecnologias de informação e comunicação são importantes para o conceito de cultura informacional, uma vez que o contexto fornecido por esta cultura fornece condições e estímulos para os indivíduos aceitarem e usarem as ferramentas tecnológicas.

Nos itens 10 e 11 ("La organización provee tecnologías para recolecta, organización y la distribución de información" e "La organización valora los comportamientos de distribución de información entre los empleados de diferentes niveles jerárquicos") foi identificada uma correlação forte (sendo $\alpha = 0,75$, p-valor < 0,05). Essa correlação expressa o que significam os valores, sendo possível explicar essa correlação indicando que os valores da cultura informacional necessitam ser materializados em comportamentos ou em artefatos. Assim, fornecer tecnologias para serem usadas nos fluxos de informação é algo que caminha junto com a valorização de comportamentos informacionais de distribuição nas organizações investigadas.

Na cultura informacional, os valores são importantes porque demonstram o que é mais significativo para a organização. Ademais, valores materializados nos comportamentos, como o de distribuição de informação entre os empregados, assinalam uma cultura difundida e praticada, não apenas pelo nível estratégico de tomada de decisão. Desse modo, quanto mais a empresa provê tecnologias para trabalhar com a informação, mais há tendência em desenvolver e colocar em prática valores dirigidos aos comportamentos informacionais de busca, acesso, armazenamento e disseminação usando as ferramentas tecnológicas. Mas também é possível afirmar que quanto mais valores dirigidos aos comportamentos informacionais, mais tecnologias devem ser disponibilizadas para que tais comportamentos possam ser efetivados. Nessa ordem de ideias, pode-se mencionar Pinto Prieto, Becerra Ardila e Gómez Flórez (2012) que corroboram em parte com o identificado e justificam que o fator humano, imerso na cultura, trata-se do principal obstáculo para implantar sistemas ou modelos de gestão do conhecimento nas organizações, isso porque, os valores inerentes a uma cultura instalada guiam os comportamentos sobre a aceitação e uso de tecnologias de informação e comunicação. Assim, o resultado mostra uma importante correlação para a noção de cultura informacional defendida neste trabalho, qual seja, a que ocorre entre o comportamento informacional e a tecnologia de informação e comunicação.

Essa correlação entre os itens 10 e 11 revela parte da tendência constatada nos dados sobre o setor, identificados nos documentos submetidos à análise de conteúdo, os quais apontaram que existe uma tendência em adotar as tecnologias de informação pelas empresas. Contudo, a adoção não confirma que existe o uso efetivo, tal como constatado também nos documentos do setor. Assim, a respeito de existir o fornecimento de TICs isso parece indicar valorização dos comportamentos informacionais, o que não significa que comportamentos de disseminação, busca e uso da informação estejam ocorrendo por meio das TICs nas empresas investigadas. Em outras palavras, o fornecimento de estrutura física estimula os comportamentos, mas não garante que ocorrerão efetivamente.

A correlação forte (sendo $\alpha = 0{,}79$, p-valor $< 0{,}05$) obtida dos itens 10 e 13 ("La organización provee tecnologías para recolecta, organización y la distribución de información" e "La empresa provee soporte para desarrollar competencias para trabajar con información") comprova que existe vinculação entre o incentivo dado aos empregados sobre como executar os comportamentos de distribuição de informação e a presença das tecnologias de informação. Estes itens combinados revelam a cultura informacional e a forma como esta é difundida entre os subordinados. A correlação sugere que a cultura usa as tecnologias para incentivar os comportamentos, porém também se ocupa com o desenvolvimento das competências das pessoas. Com isso, deduz-se que nas organizações a cultura informacional possui formas de difundir os padrões de como tratar a informação, ou seja, a cultura informacional das empresas investigadas indica que há um esforço para efetivar os fluxos informacionais e para usar informação, posto que existe incentivo para desenvolver conhecimentos sobre como manejar a informação, assim como sobre usar as ferramentas tecnológicas. Contudo, as formas que essas empresas usam para difundir os padrões de como manejar a informação não foram alvo da pesquisa, de forma que não foram pormenorizadas. Tais padrões são parte do que o processo de socialização abarca cuja definição já consta neste relatório.

Tal como se observa, essas considerações também podem ser estendidas para a correlação forte (sendo $\alpha = 0,75$, p-valor $< 0,05$) entre os itens 10 e 30 ("La organización provee tecnologías para recolecta, organización y la distribución de información" e "La empresa provee condiciones para compartir información"), visto que confirma que tanto as tecnologias de informação como as condições para compartir atuam juntas nesta cultura. Cabe dizer que na cultura informacional é conveniente que as condições para o trato da informação ocupem parte do que cabe às políticas da organização. Assim, deduz-se que a cultura informacional investigada seja planejada e executada na medida em que as empresas dão condições para os comportamentos positivos.

Assumindo-se que existe correlação entre os itens 24 e 19 ("la comunicación en la organización se lleva a cabo mediante el uso de tecnologías de la información" e "las personas recolectan, organizan y distribuyen información"), foi possível averiguar por meio do Coeficiente de Pearson (sendo $\alpha = 0,74$, p-valor $< 0,05$) que existe uma relação com o uso de tecnologias de informação, e que envolve a comunicação e os comportamentos informacionais. A razão para isso é que se a comunicação ocorre porque as tecnologias de informação e comunicação estão presentes, os comportamentos informacionais também acabam aparecendo. Contudo, não é possível afirmar que sempre que as pessoas realizam comportamentos informacionais, a comunicação praticada é feita por meio de TICs.

Por fim, ressalta-se que as tecnologias de informação e comunicação aparecem como ferramentas tecnológicas incentivadoras do comportamento informacional, bem como indicam relação com a cultura informacional, pois formam parte daquilo que se valoriza pelas organizações investigadas.

c) Elementos da cultura informacional

Nesse apartado evidenciam-se valores que constituem a cultura informacional das indústrias investigadas, bem como crenças, os incentivos, a comunicação e os efeitos da cultura informacional sobre o comportamento.

Assim, enquanto os valores consistem em tudo aquilo que a organização considera como importante, a comunicação organizacional é a dinâmica que se estabelece quando ocorre o envio de uma informação entre duas pessoas.

Visando identificar a relação entre os itens 1 e 2 ("Los gestores reciben incentivo de la organización para buscar información" e "Los gestores reciben incentivo de la organización para compartir información") verificou-se possível rejeitar a hipótese nula posto que a correlação mostra-se forte (sendo $\alpha = 0,87$, p-valor $< 0,05$). Pode-se argumentar que nas organizações investigadas os incentivos dão-se de uma forma mais completa. Percebe-se que os incentivos usados e direcionados a concretizar comportamentos informacionais produzem comportamentos positivos e inerentes à cultura informacional.

Dessa maneira, considera-se necessário formalizar e legitimar os incentivos dados pelas organizações, agregando-os à estrutura da organização, igual ao que sugerem Davenport e Prusak (1998, p. 135) e García Alsina e Ortoll Espinet (2012, p. 104). A legitimação dos incentivos fortalece e reafirma a valorização dos comportamentos informacionais. Contudo, não se pode afirmar se os incentivos estão legitimados ou não na estrutura formal da organização. Assim, o constatado sugere que existem incentivos direcionados aos gestores e que a organização utiliza isso para conseguir comportamentos informacionais de busca e de compartilhamento.

No mesmo sentido, foi comprovada uma correlação forte (sendo $\alpha = 0{,}71$, p-valor $< 0{,}05$) entre os itens 1 e 5 ("Los gestores reciben incentivo de la organización para buscar información" e "Los gestores incentivan a los empleados para que busquen información"), indicando que os comportamentos incentivados nos gestores repercutem nos subordinados.

Lembrando que o mimetismo é um dos processos mais importantes para a cultura, pode-se concluir que os incentivos usados pelas organizações investigadas são designados a diferentes níveis hierárquicos e usados pelos gestores para repassar os incentivos que recebem aos subordinados. Ponjuán Dante (2007, p. 37) argumenta ser necessária a presença de uma liderança positiva. Supõe-se que o argumento de Ponjuán Dante justifique que a presença da liderança é necessária justamente porque é fundamental repassar exemplos aos subordinados na forma de perceber e agir frente aos problemas da organização. Assim, pode-se concluir que os incentivos usados pelas organizações investigadas são dirigidos a diferentes níveis hierárquicos, inclusive aos níveis mais baixos da estrutura, conclusão que pode ser tomada por causa da presença do mimetismo.

Ponjuán Dante (2007, p. 35) explica que, no que compete à discussão da gestão da informação sob o ponto de vista da cultura informacional, faz-se necessário considerar os níveis de informação e suas diferenças idiossincráticas. Assim que, os incentivos de busca e de compartilhamento dados aos gestores e indiretamente aos subordinados certamente devem refletir essas especificidades mencionadas por Ponjuán Dante.

Desde uma perspectiva teórica, os valores da cultura informacional tratam do que se considera mais importante para as organizações em termos de manejo da informação, dos quais se obtém políticas e diretrizes, divisão ou direcionamento de recursos e de tarefas. Nesse sentido, os valores podem ser representados nos incentivos nas organizações investigadas, indicando presença em diferentes níveis hierárquicos. Portanto, é fundamental apontar que os valores existem nas empresas e que possuem como propósito incentivar os comportamentos informacionais. Nesse caso, aquilo que se considera importante sobre a informação e o fluxo informacional deveria ser evidenciado nos comportamentos de busca, armazenamento, compartilhamento.

Com respeito à correlação (sendo $\alpha = 0,74$, p-valor $< 0,05$) entre os itens 11 e 12 ("La organización valora los comportamientos de distribución de información entre los empleados de diferentes niveles jerárquicos" e "La organización valora los comportamientos de búsqueda de información"), torna-se evidente que quando se valorizam diferentes comportamentos para o trato da informação, a intenção é aproximar a cultura da organização dos objetivos estratégicos com que as organizações investigadas demonstram que a cultura informacional busca incluir pessoas de diferentes níveis hierárquicos, mantendo coerência entre incentivar comportamentos de busca e distribuição para que as pessoas tenham acesso à informação importante. Pode-se ainda dizer que existem valores para a existência da cultura informacional nas organizações investigadas, tal como com relação à valorização de comportamentos de distribuição de informação praticados por empregados que pertencem a níveis hierárquicos diferentes.

Para identificar a correlação entre o que se valoriza e o comportamento praticado, foram comparados os itens 11 e 19 ("La organización valora los comportamientos de distribución de información entre los empleados de diferentes niveles jerárquicos" e "las personas recolectan, organizan y distribuyen información"). A análise dos dados revela uma correlação forte (sendo $\alpha = 0,73$, p-valor $< 0,05$) e observa-se que o que se valoriza e se pratica devem ser percebidos pelas pessoas nas organizações, pois os valores não têm efeito se não são incorporados aos comportamentos. Nesse sentido, a ocorrência de modificações nos valores acontece de maneira simultânea nas atitudes. No caso, se existem valores que indicam que comportamentos de distribuição de informação são importantes, existe uma tendência das pessoas apresentarem outros comportamentos informacionais como de coleta, organização, além da distribuição.

Talja, Keso e Piretilainem (1999) apud González Teruel (2005, p. 82) explicam que a conduta informativa, ou comportamento informacional, está imerso em um contexto, sendo que este está composto de padrões de conduta mediados por valores da cultura. Significa então que, se nas organizações existem tais valores, é provável que existam condutas ou comportamentos informacionais.

Comparando-se os itens 23 e 11 ("La comunicación entre los gestores repercute en la distribución de información" e "La organización valora la distribución de información entre los empleados de diferentes niveles jerárquicos"), deve-se dizer que esta comparação tem evidência contra a Hipótese Nula (sendo α = 0,73, p-valor < 0,05), como todas as correlações anteriores, pois quando se valoriza a distribuição de informação existe a inclusão das pessoas no fluxo de informação e a descentralização na tomada de decisão. Este resultado pode estar relacionado com o fato de que quando se valorizam as práticas e processos de informação, isto deve estar identificado na estrutura da organização, visto que a estrutura é responsável por determinar o modo de proceder com relação às tarefas. Pelo exposto, conclui-se que se valoriza a distribuição de informação, porém possivelmente de maneira formalizada nas organizações investigadas. Contudo, essa formalização não inviabiliza a discussão sobre a presença da cultura informacional, confirmando-se que o que se valoriza nessas empresas apresenta a tendência em fazer parte da formalização. Assim, a relevância que os comportamentos infomacionais possuem está presente na estrutura organizacional. Essa correlação também é importante para indicar a cultura informacional, mas apresenta mais uma informação importante, que é o fato dessa cultura constar não estar dissociada do que é formalizado.

Também ficou evidente uma correlação entre 21 e 2 ("La organización incentiva y valora la comunicación entre los empleados" e "Los gestores reciben incentivos de la organización para compartir información"), posto que o Coeficiente de Pearson (sendo α = 0,81, p-valor < 0,05) comprova que são concomitantes os incentivos para comunicação entre empregados e o ato de compartilhar informação. Isso demonstra que existem valores que dão base a uma cultura informacional nas empresas investigadas. Se existem valores e incentivos, é certo que se manifestam nas atitudes, de forma que repercutirão no ato de compartilhar a informação, consistindo em um dos resultados que se pretende de uma cultura informacional. Oliver (2008, p. 365) argumenta que às vezes isso é parte dos componentes de uma organização.

Os itens 21 e 12 ("La organización incentiva y valora la comunicación entre los empleados" e "La organización valora los comportamientos de búsqueda de información") apresentam correlação (sendo α = 0,72, p-valor < 0,05). Desta comparação, pode-se deduzir que a organização incentiva e valoriza a comunicação entre os empregados e os comportamentos de busca de informação. Resulta que os gestores também recebem incentivos para compartilhar informação. Esta é uma correlação indispensável para evidenciar que todos os comportamentos com relação à informação, que são importantes para a cultura informacional, têm vínculo com a comunicação positiva. Essa correlação representa uma das interferências da cultura na circulação da informação, sendo essa ideia sustentada anteriormente por Soares Torquato (2007, p. 63).

Nos itens 3 e 12 ("Los gestores buscan información" e "La organización valora los comportamientos de búsqueda de información", sendo α= 0,73, p-valor < 0,05), assim como entre os itens 3 e 38 ("Los gestores buscan información" e "La cultura de la organización influye en la interacción entre las personas", sendo α = 0,75, p-valor < 0,05), foram constatadas correlações fortes. É possível que estes resultados sejam decorrentes da existência de uma cultura informacional nas organizações, dado que comportamentos de busca e de interação são patentes nos dados da investigação.

Se a cultura estimula as pessoas a interagirem, é provável ter como consequência o intercâmbio de informação. Deve-se considerar que a cultura ganha importância para a gestão na medida em que pode influenciar sobre os comportamentos. Dorner, Gorman e Calvert (2015, p. 24) explicam que a busca e a necessidade de informação estão submetidas ao contexto, de modo que se deve compreender a razão da conduta de busca de informação pelos indivíduos e conhecer as razões que levam as pessoas a desenvolver comportamentos de busca de informação.

Nos itens 22 e 11, percebe-se que a comunicação organizacional favorece a troca de informação e a empresa valoriza a distribuição de informação entre os empregados de diferentes níveis hierárquicos, são itens com forte correlação (sendo α = 0,74, p-valor < 0,05). Essa é uma evidência de que existem valores culturais que fomentam os comportamentos informacionais, especialmente no que diz respeito à troca e disseminação de informação. Isso quer dizer que as condições socioculturais para uma comunicação positiva e que permeia a organização buscam, sobretudo, favorecer e valorizar a troca e a distribuição de informação, sendo que aparecem concomitantemente.

As crenças são suposições sobre a realidade de uma sociedade e que podem, ou não, corresponder à verdade. Norteiam grande parte da forma como percebemos essa realidade, porque têm a função de descrevê-la e como a maior parte das pessoas aceita essa descrição, acaba sendo usada para prever as situações. Por exemplo, um empregado que recebe treinamento para utilizar uma ferramenta tecnológica deverá apresentar comportamentos que demonstrem essa nova capacidade. Assim, há uma crença de que o treinamento resultará em um comportamento específico e previsível.

Em consequência da forte correlação (sendo α = 0,73, p--valor < 0,05) entre os itens 31 e 35 ("La información compartida es relevante" e "Las personas creen que la distribución de la información es importante y necesaria") observa-se que entre as crenças importantes para a composição da cultura informacional, encontra-se a prática da distribuição da informação.

As crenças também devem aparecer sobre a informação que se compartilha, sendo importante que seja reconhecida como relevante. As crenças encontradas apontam para a cultura informacional, assim quanto mais a informação compartilhada é considerada relevante, mais as pessoas acreditarão que o ato de distribuir será considerado importante e necessário. Em outras palavras, o ato de compartilhar e de distribuir são indicadores do que se valoriza e se acredita, determinando as expectativas sobre os comportamentos das pessoas sobre tais atos de compartilhar e de distribuir. Como explicam Pichs Fernandez e Ponjuán Dante (2014), as crenças informacionais transmitem uma realidade, o que ocorre nas indústrias investigadas é que existem resultados informacionais obtidos por meio das pessoas e que transparecem algumas das crenças dessas organizações.

Além das crenças, as normas também aparecem na análise dos dados obtidas com o Coeficiente de Pearson. São regras que ajudam a regular o comportamento e tornam reais os valores, uma vez que podem ser aplicadas sanções quando tais regras não são cumpridas. Assim, fornecem parâmetros concretos a respeito do que se deve ou não fazer dentro da empresa.

Entre os itens 7 e 20 ("Los gestores distribuyen los estándares, las normas y las reglas sobre como compartir la información" e "Hay entrenamiento de personas para compartir información en la organización") foi identificada uma correlação forte (sendo α = 0,72, p-valor < 0,05) que expõe o papel do gestor na cultura informacional. É necessário destacar que a influência sobre as pessoas é necessária para obter comportamentos informacionais desejáveis, seja por intermédio de políticas ou por incentivos transformados em contrapartidas, que podem ser financeiros, ou em sanções. Assim, tais políticas e incentivos são parte do processo de socialização organizacional (treinamento), o qual é usado como um instrumento para o gestor inserir as pessoas nos padrões da cultura informacional, como demonstram os dados que correlacionam treinamento e a dinâmica da influência por parte do gestor. Porém, quando o gestor é capaz de influenciar o comportamento de seus subordinados, utilizando tipologias diferentes de poder, é considerado também um líder. Isso porque, a liderança se define exatamente como a capacidade que alguém possui de influenciar o comportamento de pares de trabalho ou de subordinados. Portanto, utilizando fontes diferentes de poder, o gestor pode influenciar com base no poder hierárquico ou no poder de recompensa associado ao cargo que possui, ou influenciar os subordinados pela argumentação lógica e mesmo pelo conhecimento, tornando-se gestor, líder e *gatekeeper*.

Os gestores das empresas investigadas podem ser líderes, acrescentando em seu papel o ato de instrução das pessoas usando os valores, as crenças, os rituais, os mitos para facilitar a internalização pelas pessoas dessa aquisição de conhecimentos sobre o funcionamento os cargos ocupados pelos indivíduos, bem como sobre como se relacionam em termos de fluxos informacionais. Além da socialização, a forte correlação encontrada ajuda a identificar normas, regras e padrões que correspondem aos necessários à cultura informacional. Essa relação entre a socialização e a liderança foi sugerida por Ponjuán Dante (2007, p. 37), posto que esta autora explica que os empregados desenvolvem os comportamentos informacionais sob a influência dos níveis da gerência. Curry e Moore (2003) também incluem a liderança na cultura informacional como um dos componentes que fazem funcionar esse contexto.

Assim, a liderança mostra-se como fundamental para a cultura informacional, uma vez que é um modelo de comportamento para os níveis hierárquicos inferiores da estrutura organizacional, bem como é referência para as informações consideradas fidedignas e fonte detentora de informação importante.

Buscando verificar se nas empresas investigadas existe a presença das tecnologias de informação concomitante à presença de padrões e elementos culturais, foi identificada forte correlação (sendo $\alpha = 0,78$, p-valor $< 0,05$) entre os itens 8 e 10 ("La organización estimula la distribución de información por medio de estándares, normas y reglas" e "La organización provee tecnologías para recolecta, organización y distribución de información"). Tal correlação poderia explicar que a cultura informacional é importante, mas não de maneira isolada a fatores como a presença de ferramentas tecnológicas. Isso porque as tecnologias de informação favorecem a existência dos comportamentos informacionais nas empresas, na medida em que os estimulam. Além disso, para que a cultura informacional possa desenvolver-se plenamente, é necessário que as empresas facilitem práticas normatizadas, provendo ferramentas e tecnologias para este fim.

Associado a isso, foi identificada outra correlação forte (sendo $\alpha = 0,81$, p-valor $< 0,05$) entre os itens 8 e 13 ("La organización estimula la distribución de información por medio de estándares, normas y reglas" e "La empresa provee soporte para desarrollar competencias para trabajar con información"). Essa correlação demonstra que a cultura informacional trabalha de maneira sistemática para obter comportamentos positivos em relação à informação, uma vez que define os elementos socioculturais, e emprega suporte para que tais elementos possam ter resultado. Esse suporte tanto pode ser fornecido por meio de tecnologias, como também procedimentos de socialização. Dessas correlações, destaca-se a existência dos elementos e os processos culturais dirigidos a trabalhar a informação.

Com o intuito de complementar a discussão sobre a presença das normas, foram extraídas algumas conclusões das respostas às questões dissertativas do instrumento de pesquisa.

A primeira questão dissertativa, posicionada no instrumento como a antepenúltima e logo após as questões fechadas, pretendia obter informações sobre o comportamento de busca, de acesso e de distribuição de informação, bem como sobre a existência de normas para realizar a busca e o compartilhamento. Tal questão também teve como objetivo identificar um padrão de comportamento adquirido por meio das normas. As informações obtidas no item 39 indicam pouco ou nenhum detalhamento sobre como se realiza a busca, o acesso e a distribuição. Além disso, distintos formatos foram identificados para o processo de comunicação, tanto podendo ser vertical como horizontal, ou seja, entre pares de um mesmo nível hierárquico ou entre pessoas de diferentes níveis hierárquicos. Constata-se a quase ausência de normas ou padrões para buscar a informação, as quais quando mencionadas acabam revelando restrições de acesso e de distribuição de informação, sendo que tal constatação não contradiz as informações identificadas pelo Coeficiente de Pearson, apenas sugere que as normas estão ausentes para os comportamentos de busca e não para todos os tipos de comportamento que envolvem o tratamento da informação.

Quanto à distribuição, foi sugerido ser algo designado ao líder, o que significa que cabe a ele distribuir a informação. Contudo, os sujeitos de pesquisa não mencionaram a qual tipo de informação se referiam, de forma que se supõe ser informação específica para o nível operacional. Inferências obtidas das respostas do sujeito de pesquisa denominado pelo número 20, nas quais consta como resposta à pergunta "Como é feita a busca, o acesso e a distribuição de informação? Existem normas para a busca, o acesso e o compartilhamento?", cuja resposta foi "*Casi siempre* (hay normas para el acceso), *por el líder* (hay normas para compartir la información) *e no siempre* (hay normas para búsqueda)'". Dessa forma, as informações que advêm de níveis mais baixos da estrutura organizacional não participam da distribuição, mas sim do compartilhamento, justamente porque a distribuição está associada à formalidade dessa estrutura organizacional.

Algumas considerações podem emergir dessas informações. A primeira é que o processo de socialização faz os indivíduos perceberem a informação como algo fundamental, por exemplo, para conquistar clientes (forma de pensar fundamental para o nível de gerência) e que advém de um fluxo de informação com menor dinâmica, geralmente seguindo o padrão de comunicação típico de uma estrutura organizacional com características tradicionais, qual seja com uma comunicação e fluxo de cima para baixo.

Por outro lado, as normas presentes são destinadas a restringir o acesso. Essa informação pode ser verificada na fala do sujeito denominado pelo número 9, que afirma que "No hay normas. Salvo las restricciones a la información de interes para la organización". Ao contrastar com o que se considera como cultura informacional, verifica-se que o fato de não possuírem livre acesso à informação não significa que a cultura informacional esteja ausente, apenas que um grupo específico possui mais acesso à informação que os demais indivíduos. Além disso, a falta de uma normativa específica sobre como buscar informação pode indicar ausência ou falha na socialização praticada.

Entende-se que as fontes de informação indicadas pelos sujeitos confirmam o que foi constatado na literatura, como em Ferrer (2008), sobre a preferência em usar informação não paga e de bases de dados de acesso livre, como pode ser percebido na fala do sujeito denominado de número 6, pois afirma que a busca, o acesso e a distribuição são realizandos usando "Internet, intranet e boca a boca", recordando que a informação paga geralmente advém de bases de dados de periódico e de patentes especializados na área. Porém, sabe-se que essas informações não contemplam todas as necessidades das empresas, mas em razão da cultura informacional que se desenvolveu nesse ambiente, as pessoas preferem acessar informação não paga.

d) Processos da cultura informacional

O treinamento ou socialização organizacional é um processo de inserção de um indivíduo em um contexto totalmente ou parcialmente novo. Por exemplo, uma empresa pode requerer que funcionários sejam capacitados com periodicidade em relação a novas ferramentas tecnológicas ou em relação a uma mudança na maneira como acessar, repassar ou usar informação. Dessa forma, a cultura informacional é dependente de processos que conduzam os indivíduos à aquisição de conhecimentos sobre como manejar a informação. Nesse caso, além da socialização organizacional, a comunicação organizacional é importante para a cultura informacional, pois torna concreta a participação de pessoas, de informação e de meios e ferramentas utilizados para efetivar o fluxo informacional. Entre os processos considerados relevantes nesta seção estão a comunicação organizacional e a socialização.

De acordo com os itens 18 e 20 ("Las personas reciben entrenamiento para buscar información en la organización" e "Hay entrenamiento de personas para compartir información en la organización") existe uma forte correção (sendo $\alpha = 0,72$, p-valor $< 0,05$) e percebe-se que as pessoas recebem treinamento tanto para fazer a busca como para compartilhar informação. Recorda-se que a socialização organizacional, ou treinamento, deve ter a intenção de facilitar a incorporação de comportamentos positivos para o trato da informação. Cabe dizer ainda que a socialização informacional é um processo que garante às pessoas agregar comportamentos e formas de pensar importantes para a cultura, de forma que é um indicador de um padrão da cultura informacional. A socialização não garante unicamente a incorporação de normas, padrão e valores, mas também do todo que envolve o ambiente de trabalho.

Considerando que o treinamento é a parte formalizada e planejada da socialização, percebe-se que nas organizações investigadas existem tentativas de construir e formalizar a cultura informacional.

Até certo ponto, fica evidente que existem processos culturais que influenciam na conduta das pessoas para trabalhar a informação nas organizações. Wilden-Wulff (2000) chama a atenção aos fatores do ambiente informacional, sendo o treinamento (educação ou formação) um dos utilizados para aproximar as pessoas da informação.

Os itens 22 e 13 ("La comunicación organizacional favorece el intercambio de información" e "La empresa provee soporte para desarrollar competencias para trabajar con información") apresentaram também correlação (sendo α = 0,76, p-valor < 0,05). O suporte dado para trabalhar com a informação converte-se em comportamento informacional. Existem várias explicações para isso, porém a que recai sobre a socialização parece ser mais importante para a discussão proposta. Nesse sentido, a socialização encontrada pelas empresas reflete-se nos comportamentos informacionais e na comunicação. Outra explicação para isso é que se existir previamente uma comunicação positiva para a troca de informação, a empresa acabaria acrescentando isso nas políticas, que posteriormente convertem-se em competências.

Dorner, Gorman e Calvert (2015, p. 35) sublinham que o uso de determinados sistemas para acessar a informação está determinado pelo contexto. Sendo assim, o uso não apenas dos sistemas para acessar, como também das formas de comunicação e as competências, estão determinadas pelo contexto sociocultural. As pessoas protagonizam, porém incorporam e fazem o que o grupo determina. Ponjuán Dante (2007, p. 33) explica que a ausência de instrução (ou capacitação) sobre como compartilhar é um dos motivos para a ausência do intercâmbio. Widen-Wulff (2000) põe em pauta que o apoio educativo e a formação são importantes para ter uma cultura informacional efetiva.

A comunicação organizacional é o processo dinâmico de envío de informação entre duas pessoas, podendo ocorrer interferências no envío, no meio utilizando ou na recepção da informação. Essas interferências podem ser prejudiciais à qualidade da informação. Assim, a cultura informacional é o contexto que fornece os parâmetros que minimizam a distorção no processo de comunicação organizacional.

A correlação (sendo $\alpha = 0{,}70$, p-valor $< 0{,}05$) encontrada entre os itens 22 e 36 ("La comunicación organizacional favorece el intercambio de información" e "Las personas suelen usar estándares de comportamiento considerados correctos por la organización") indica que o que é estimulado pelas organizações concretiza-se nos comportamentos. De forma específica, a correlação pode indicar duas situações: quando a comunicação favorece a troca de informação, as pessoas acabam usando padrões de comportamento determinados pela organização; ou, quando as pessoas usam padrões de comportamento determinados pela organização acabam realizando uma comunicação organizacional que favorece a troca de informação. Nesse caso, a segunda situação apresenta maior coerência sendo mais provável que ocorra.

Em razão disso, se existem condições para os comportamentos positivos nas organizações, fica evidente que se tornam possíveis tanto no que compete à troca de informação como a qualquer outro comportamento que reproduza os padrões incentivados. Nesta correlação não se demonstra apenas a interação dos itens, mas também que neles estão presentes processos socioculturais e os padrões para a conduta nas organizações investigadas.

Compararam-se os itens 24 e 25 ("La comunicación en la organización se lleva a cabo mediante el uso de tecnologías de la información" e "La comunicación ocurre entre empleados y jefes /gerentes") e percebeu-se uma forte correlação (sendo $\alpha = 0{,}74$, p-valor $< 0{,}05$), uma possível interpretação que a comunicação é que ocorre entre os níveis hierárquicos faz uso de tecnologias de informação. Em consequência, pode-se inferir que as empresas investigadas têm apoio das tecnologias de informação para facilitar o processo de comunicação. Contudo, não se pode afirmar que a comunicação depende sempre das tecnologias de infomação, podendo ocorrer, por exemplo, na forma face a face.

Em relação à correlação forte (sendo $\alpha = 0,77$, p-valor < 0,05), obtida entre 24 e 30 ("La comunicación en la organización se lleva a cabo mediante el uso de tecnologías de la información" e "La empresa provee condiciones para compartir información"), pode-se afirmar que tais condições são o núcleo da cultura informacional, porque resultam em comportamentos de busca, uso e em compartilhamento. Tais condições aparecem tanto na forma de processos de inserção de indivíduos em novos contextos ou situações laborais (socialização), mas também ao prover ferramentas tecnológicas para facilitar a comunicação e facilitar o fluxo de informação. Assim, conclui-se dessa correlação que ao mesmo tempo em que a empresa proporciona condições para compartilhar informação, usam-se TICs.

No caso dos itens 24 e 38 ("La comunicación en la organización se lleva a cabo mediante el uso de tecnologías de la información" e "La cultura de la organización influye en la interacción entre las personas"), resulta perceptivelmente que a correlação forte produzida (sendo $\alpha = 0,71$, p-valor < 0,05) dá indícios de que os processos de interação e uso das TIC são resultados da ação da cultura. As tecnologias da informação são empregadas para amplificar essa influência, fazendo parte dos comportamentos de um modo concreto.

Outra forte correlação confirmada foi entre os itens 23 e 19 ("La comunicación entre los gestores repercute en la distribución de información" e "Las personas recolectan, organizan e distribuyen información"). Esta correlação indica que enquanto os gestores comunicam e distribuem informação, pode-se afirmar que também existem comportamentos positivos de gerenciamento da informação. Dessa maneira, a análise do Coeficiente de Pearson indica rejeitar a hipótese nula (sendo $\alpha = 0,77$, p--valor < 0,05). Desta correlação, deduz-se que quando os gestores distribuem informação, ocorrem comportamentos positivos vinculados ao tratamento da informação. Fica evidente que se os gestores têm comportamentos positivos em relação ao tratamento dado à informação, caracterizar-se-ão um ponto de referência para os subordinados, confirmando a inferência atribuída à correlação entre os itens 7 e 20 apresentada anteriormente, qual seja, de que os gestores ocupam o papel de referência do *gatekeeper*.

Se a comunicação entre os gestores resulta na distribuição de informação, logo, pode-se dizer, existirá a valorização de comportamentos de distribuição, e da mesma maneira, existem comportamentos de coleta e de organização de informação. Isso é um dos resultados de uma eficaz cultura informacional como sugerem Ponjuán Dante (2007, p. 37) e García Alsina e Ortoll Espinet (2012, p. 101). Valentim (2013, p. 316) notou o mesmo ao analisar a cultura informacional do setor cárnico na Espanha, pois considerou como necessária a participação da liderança em ambientes informacionais.

A forte correlação (sendo α = 0,71, p-valor < 0,05) entre os itens 21 e 5 foi também confirmada ("La organización incentiva y valora la comunicación entre los empleados" e "Los gestores incentivan a los empleados para que busquen información"). Da valorização e incentivo à comunicação e à busca de informação, deduz-se que se existe um contexto que perpassa a estrutura, isso aparecerá nos comportamentos dos dirigentes e dos subordinados. Sobre isso, Oliver (2008, p. 379) considera que entre os fatores que caracterizam a cultura de informação, estão as atitudes para compartilhar.

Examinou-se a comparação entre os itens 22 e 3 ("La comunicación organizacional favorece el intercambio de información" e "Los gestores buscan información"), os quais demonstram ter forte correlação (sendo α = 0,77, p-valor < 0,05). Dessa correlação, conclui-se que se a comunicação é favorecida, é muito provável que os comportamentos de busca se desenvolvam. Uma explicação que pode ser dada é que quando a comunicação é positiva, as pessoas reconhecem as condições para ter acesso às fontes de informação, quer sejam pessoais, quer dependam de mediação. Se a comunicação favorece a troca de informação, é certo que tem repercussão na prática de comportamentos informacionais.

Tendo como objetivo investigar a correlação entre os itens 22 e 23 ("La comunicación organizacional favorece el intercambio de información e "La organización incentiva y valora la comunicación entre os empregados"), verificou-se uma forte correlação (sendo $\alpha = 0,78$, p-valor $< 0,05$). Dessa maneira, a cultura informacional presente no setor indica que a comunicação é fundamental para garantir a participação dos empregados na troca de informação, pois parte do que se valoriza culturalmente destina-se a melhorar o processo de comunicação. Curry e Moore (2003) corroboram com o encontrado, pois entre os componentes que caracterizam a cultura informacional, mencionam o fluxo de comunicação eficiente, ações colaborativas de trabalho e a vontade de compartilhar informação. Esses resultados da cultura informacional são conseguidos mediante à presença de valores que incentivem a participação das pessoas a comunicar e disseminar informação, mas também a receber informação.

Assim, os valores destinados a melhorar a comunicação organizacional devem incluir trabalhar questões que envolvem o medo de buscar ou compartilhar informação, a confiança entre os indivíduos, a qualidade da informação que circula entre os níveis hierárquicos, a postura, a liderança e a influência dos gestores, formando o contexto cultural adequado e incentivador de comportamentos informacionais.

Os itens 22 e 24 ("La comunicación organizacional favorece el intercambio de información" e "La comunicación en la organización se lleva a cabo mediante el uso de tecnologías de la información") apresentaram forte correlação comprovada (sendo $\alpha = 0,86$, p-valor $< 0,05$), o que significa que a troca de informação ocorre quando se faz uso das tecnologias da informação, possuindo como outra possibilidade de interpretação que, quando se usa TICs ocorre troca de informação. Assim, pode-se afirmar que a comunicação organizacional e as trocas de informação têm forte relação com o uso das tecnologias da informação no contexto da cultura informacional. Desse modo, não se pode dizer que toda cultura informacional tem a presença das tecnologias de informação, porém pode-se dizer que a sua presença facilita o desenvolvimento da cultura informacional.

Nesse sentido, as tecnologias de informação e comunicação são fundamentais para a cultura informacional, porque proporcionam agilidade ao fluxo informacional. Porém, como já discutido anteriormente, a cultura informacional não pode ser confundida com a cultura informática. Apesar disso, a cultura informacional inclui como uma de suas bases as TICs, pois facilitam manejar a informação e incentivam os comportamentos informacionais nos indivíduos.

Os itens 22 e 10 ("La comunicación organizacional favorece el intercambio de información" e "La organización proporciona herramientas tecnológicas para recolectar, organizar y distribuir información") apresentam forte correlação (sendo α = 0,71, p--valor < 0,05). Infere-se que o uso de ferramentas tecnológicas estimula a troca de informação e outros comportamentos relacionados. Assim, fica evidente que a cultura informacional tem em seu contexto a presença das tecnologias de informação, uma vez que facilita ou incita os comportamentos informacionais.

Portanto, percebe-se uma relação de proximidade entre a cultura informacional, a comunicação organizacional e as tecnologias de informação e comunicação.

A comunicação organizacional materializa a troca de informação e as pessoas coletam, organizam e distribuem informação, sendo que estes foram os itens 22 e 19, cuja correlação foi comprovada (sendo α = 0,77, p-valor < 0,05). É possível concluir que, conforme a comunicação favorece a troca de informação, as pessoas apresentam comportamentos informacionais desejáveis e que indicam a presença da cultura informacional. Porém, se existem comportamentos informacionais de coleta, organização e distribuição, a comunicação favorecerá a troca de informação.

Por fim, deve-se ressaltar que os processos de comunicação e de socialização organizacional obtidos das correlações reforçam que a cultura informacional das empresas investigadas desenvolve mecanismos de inserção dos indivíduos, para desenvolver habilidades necessárias em todo o ciclo informacional, ou seja, para coletar, disseminar ou compartilhar e armazenar informação. Por outro lado, a comunicação organizacional também foi identificada como um importante proesso que torna concreta parte dos valores da cultura informacional, uma vez que materializa a valorização da disseminação ou troca de informação e dos contatos entre as pessoas.

Ressalta-se que as correlações fracas e inexistentes concentraram-se no tema Comunicação, o que poderia revelar debilidades desse processo da cultura informacional presente nas empresas investigadas, como poderá ser notado na próxima seção. Porém, isso não deve ser interpretado como a ausência da cultura informacional, mas como um processo necessário a esta cultura e que apresenta irregularidades ou inconsistências. Como assinala Moraes e Barbosa (2014), cada cultura informacional possui variáveis que apresentam maior ou menor relevo, isto é, cada organização tem uma configuração singular da cultura informacional.

e) Correlações fracas e inexistentes

Neste tópico serão abordadas as correlações fracas e as inexistentes, visando verificar a consistência de algumas das inferências relizadas sobre as correlações fortes. Nesse caso, algumas delas fornecem conclusões diferentes, amenizando a participação de itens como a tecnologia de informação e comunicação na cultura informacional. Além disso, parece possível também que o próprio ato de compartilhar a informação perde expressividade nas inferências obtidas nas correlações fracas, pois a busca não ocorre na rede de relações sociais e sim ocorre sobre a informação registrada nas bases de dados da empresa. Por outro lado, a comunicação organizacional parece apresentar uma tendência determinada pela estrutura organizacional, mas nem sempre é uma comunicação com informações registradas ou restritas a processos de troca de informação formalizados, como o que ocorre em reuniões.

Desse modo, nem sempre a comunicação é indicada para compartilhamento, sendo direcionada também ao repasse ou à disseminação, sem a intenção de obter outra informação em troca. Além disso, percebeu-se que existem crenças presentes na cultura informacional das empresas investigadas que se comportam como não construtivas, porque não incentivam a troca ou compartilhamento. Além dessa crença identificada, há a inferência sobre uma norma derivada da cultura informacional, na qual existe restrição em buscar informação de maneira informal usando fontes externas.

Por sua vez, os itens 24 e 6 ("La comunicación en la organización hace uso de tecnologías de información" e "Los gestores incentivan a los empleados para que compartan información") obtiveram como resultado uma correlação fraca (sendo $\alpha = 0{,}28$, p-valor $> 0{,}05$). O coeficiente encontrado nesta correlação pode parecer contraditório em uma primeira interpretação, posto que não corroborou com o fato de que as tecnologias podem ser utilizadas para melhorar a comunicação e como incentivo para obter comportamentos que se desdobrem em atitudes para compartilhar. Uma interpretação para isso é que as tecnologias de informação facilitam o acesso à informação registrada, o que implica em não ser necessário o ato de compartilhar entre as pessoas, pois eles conseguem satisfazer necessidades informacionais por meio da informação que se encontra disponibilizada pelas TICs em bases de dados. Porém, pode ser válido também dizer que se a comunicação apresenta-se restrita à informação registrada, parece ser mais importante incentivar a busca e o ato de compartilhar quando a informação está nesse formato registrado.

Ainda com relação ao coeficiente de correlação obtido entre as afirmativas 24 e 6, ele pode vir a expressar que o incentivo ao compartilhamento de informação pode não ser feito com uso das TICs. Portanto, é plausível deduzir que o ato de compartilhar é incentivado, porém sem deixar que as TICs assumam o foco da comunicação nas organizações investigadas.

Com relação aos itens "La comunicación ocurre entre empledos y jefes/gestores" e "La comunicación ocurre de manera informal", itens 25 e 26, atingiram correlação fraca (sendo $\alpha = 0,04$, p-valor $> 0,05$). Dessa correlação, infere-se que a comunicação entre diferentes níveis hierárquicos pode ocorrer tal como foi estabelecido pela estrutura da organização, uma vez que sinaliza que a comunicação não tem um sentido informal. Pode-se ter como uma segunda conclusão que a estrutura informal pode estar agregada à formal, por isso aparece como parte da correlação débil. Isto é, a correlação não significa que a comunicação informal não ocorre entre chefes e empregados, pois defende-se que a estrutura informal geralmente está presente em uma organização, pois advém das relações sociais (Oliveira, 2001). Deve-se ter em mente que uma comunicação formal não deve ser confundida com o registro da informação. Uma comunicação é considerada formal se segue padrões planejados para a estrutura organizacional. Por fim, como última consideração sobre essa correlação, pode-se também inferir que a comunicação nunca ocorre informalmente entre empregados e superiores hierárquicos, porque estão submetidos à estrutura da organização, levando sempre a considerar que os cargos ocupam posições em níveis diferentes.

A comunicação ocorre entre empregados e chefes/gerentes e a comunicação em reuniões, sendo que estes itens são respectivamente o 25 e o 28. Nesta correlação (sendo $\alpha = 0,22$, p-valor $> 0,05$) são evidentes as considerações propostas na correlação dos itens 25 e 26, pois se a comunicação não ocorre por meio de reuniões, deveria ocorrer por outra maneira, seja formal ou informal. Ao que parece, a reunião acerca-se mais à formalidade, por isso indica que a comunicação nessas organizações apresenta características informais, ou melhor, não focando o registro em documentos.

Entre os itens 22 e 27 ("La comunicación organizacional favorece el intercambio de información" e "La comunicación ocurre entre personas del mismo nivel jerárquico") nota-se uma correlação fraca (sendo α = 0,30, p-valor > 0,05), o que indica que a troca de informação pode não ocorrer quando se trata do mesmo nível hierárquico. Em outras palavras, a comunicação entre as pessoas que pertencem a um mesmo nível da estrutura não é usada para o compartilhamento. A inferência é que essa correlação pode indicar a ausência de incentivos para a troca em um mesmo nível hierárquico. Contudo, outras correlações apontaram para o oposto. Por exemplo, a comunicação que visa à troca de informação no mesmo nível hierárquico, ocorre entre os itens 22 e 23, os quais obtiveram uma correlação forte (sendo α = 0,78, p-valor < 0,05). Por outro lado, pode indicar que a comunicação nem sempre é usada para trocar informação, às vezes, o objetivo não é a troca, mas a distribuição/repasse.

Os itens 25 e 35 ("La comunicación ocurre entre empleados y jefes/gerentes" e "Las personas creen que la distribución de la información es importante y necessária") seguiram igualmente uma tendência de fraca correlação (sendo α = 0,19, p-valor > 0,05). A hipótese possível envolve a presença da crença de que a distribuição da informação por meio da comunicação entre chefes e subordinados acaba sendo reduzida nos casos em que se qualifica a informação como importante. Uma explicação para isso é que crenças sobre a importância da informação podem fazer suscitar crenças negativas, especialmente as que sugerem que se a informação é importante, deve-se ocultá-la e não compartilhá-la.

Porém, também pode-se seguir outra interpretação. Quanto mais a comunicação se efetiva entre os empregados e os chefes, as pessoas terão crenças de que a distribuição de informação é importante e altamente necessária. Isso porque, supondo que a comunicação exista entre chefes e empregados, não se faz necessário que crenças estimulem a distribuição porque esta já ocorre.

Por outro lado, os resultados de alguns coeficientes mostraram não existir correlação. Entre eles, registra-se o conseguido entre o item 26 e o 17 (sendo α = 0,00, p-valor = 0,99), no qual é evidente que a comunicação que ocorre informalmente não possui vínculo com a busca de informação que está dirigida para fontes externas à organização. Assim, as pessoas não buscam informação em fontes externas à empresa por meio de comunicação informal, isso pode ser porque existem normas derivadas da cultura informacional dessas empresas que restringe esse tipo de busca usando a comunicação informal e em fontes externas.

Uma segunda correlação também inexistente (sendo α = 0,00, p-valor = 0,98) ocorreu entre os itens 28 e 14. Nesse caso, a comunicação que ocorre em reuniões não tem vínculo com a cultura informacional quando influi na distribuição da informação. Contudo, esperava-se obter a correlação entre esses itens, pois a reunião é um ritual, muitas vezes formalizado na organização, usado para compartilhar e distribuir informação. Assim, destoa do que é verificado em autores como Serrano González e Zapata Lluch (2003, p. 296) pois explicam que "siempre es recomendable desarrollar reuniones colectivas e individuales con los distintos niveles de la organización, com el objetivo de detectar las necesidades que no quedan cubiertas, así como los requisitos que debería cumplir la información y no cubre". Podem-se considerar, neste caso, as reuniões como rituais muito específicos usados apenas para distribuir informações de acesso restrito. Com isso não pode influenciar na distribuição de informação em escala mais ampla.

f) Análise de Ranking Médio

Além da análise realizada usando o Coeficiente de Pearson, também se fez uso do *Ranking* Médio (RM). Esse tipo de análise baseia-se em parâmetros quantitativos. Além disso, a intenção deste tópico foi mostrar que uma análise isolada da média das afirmativas do instrumento para verificar as inferências alcançadas nas correlações obtidas com o Coeficiente de Pearson.

O RM visa identificar se a tendência nas respostas aponta concordância ou discordância (tendência mais positiva ou negativa em relação à escala) para cada item, considerando uma escala de 5 pontos de posicionamento do respondente, o item central de valor 3 e equivalente a uma posição neutra da escala, ou seja, nem concorda e nem discorda. O cálculo do RM é realizado efetuando a multiplicação do total de respostas de cada item da escala por ela mesma e efetuando a divisão pelo total de respondentes (Oliveira, 2005). Assim, RM = Média Ponderada dividida pelo total de respondentes. Dessa forma, valores de RM inferiores a 3 significam discordância, enquanto os superiores, concordância.

São apresentadas 4 tabelas, agrupando os dados em:

- Cultura informacional e gestores (mostrando a influência da cultura presente na organização sobre o comportamento dos gestores e destes sobre os subordinados);

- A organização e o comportamento informacional (mostra os efeitos da estrutura organizacional e da estrutura sociocultural sobre o comportamento, seja por meio de influências, de valores, ou mesmo do fornecimento de ferramentas tecnológicas e o processo de treinamento/socialização);

- A comunicação e a cultura da informação (mostra a relação da cultura informacional com o processo de comunicação, bem como da comunicação com os resultados comportamentais e com o uso de tecnologias de informação e comunicação);

- Elementos e processos da cultura informacional (mostra a repercussão da cultura informacional no comportamento das pessoas e no processo de comunicação, na identificação da confiança para participar da distribuição de informação, no uso de TIC).

O agrupamento dos itens foi realizado para facilitar a análise. Conclui-se que a cultura é produto do contexto de uma organização, de forma que é inevitável compreender aspectos envolvendo não apenas os elementos da cultura, como também a estrutura organizacional (formal e informal) com a qual se relacionam as ferramentas e os processos que fazem parte da organização.

Tabela 2: Cultura informacional e os gestores

	ESCALA e Frequência das respostas					Ranking Médio
	1	2	3	4	5	
1 - Los gestores reciben incentivo de la organización para buscar informaciones.	7	5	2	7	2	2.7
2 - Los gestores reciben incentivo de la organización para compartir informaciones.	8	3	3	7	2	2.7
3 - Los gestores buscan informaciones.	0	1	1	11	10	4.3
4 - Los gestores comparten informaciones.	1	1	2	12	7	4.0
5 - Los gestores incentivan a los empleados para que busquen informaciones.	5	2	4	9	3	3.1
6 - Los gestores incentivan a los empleados para que compartan informaciones.	5	3	0	11	4	3.3
7 - Los gestores distribuyen los estándares, las normas y las reglas sobre como compartir la información.	2	2	10	7	2	3.2
8 - La organización estimula la distribución de información por medio de estándares, normas y reglas.	1	3	9	5	5	3.4

Fonte: Elaborado pela autora.

A intenção desse primeiro grupo de afirmativas foi verificar a presença de estímulos e de incentivos, de comportamentos informacionais concretos praticados.

Quanto aos dois primeiros itens, 1 e 2, infere-se que a tendência em discordar deve-se a uma possível ausência de política explícita traduzida em elementos como normas e rituais. Porém, pode ser também devido à ausência de ferramentas tecnológicas usadas como incentivo físico, ou outros elementos na estrutura organizacional, como a falta de uma adequada definição e distribuição das tarefas quanto às questões envolvendo ênfase sobre o trato com a informação.

Por outro lado, como uma terceira alternativa de interpretação, pode ser em decorrência de que a discordância com a presença de incentivo para buscar e compartilhar informação seja porque não é necessária para obter tais comportamentos, pois estão suficientemente definidos na estrutura organizacional das empresas pesquisadas, sendo praticados pelo nível da gerência.

Todavia, a última explicação sustenta-se na comparação com o item 12 (Tabela 2) que indica clara concordância com a afirmativa, pois apresenta um RM de 3,7. Nesse caso, se existe valorização, e os gestores buscam (item 3) e compartilham (item 4), isso indica que os incentivos encontram-se agregados aos processos e elementos da cultura, mas principalmente à própria estrutura.

O comportamento é um resultado da cultura. Ponjuán Dante (2007, p. 33) assinala que, em se tratando de cultura informacional, o comportamento deve estar voltado para o ato de compartilhar, bem como os incentivos devem ser incluídos em aspectos formais da organização (estrutura organizacional), como indicam Prusak (1998, p. 135) e García Alsina e Ortoll Espinet (2012, p. 104). Assim, é provável que os incentivos estejam associados aos aspectos já formalizados pela estrutura organizacional das empresas investigadas.

Dessa forma, aparecem ambiguidades nos RM dos itens. Porém, quando comparados, percebe-se que as possíveis incoerências podem ser elucidadas de forma que não divergem das considerações obtidas junto à análise fundamentada no Coeficiente de Pearson.

Os itens 5 e 7 apresentam uma média mais baixa, porém ainda mantendo-se acima de 3, mostrando que os gestores fornecem orientação aos funcionários sobre como realizar o compartilhamento. Por sua vez, as regras, normas e padrões expostos pelos gestores podem ser usados como incentivo para promover o comportamento de compartilhamento. Contudo, é provável que o mesmo não possa ser considerado sobre o incentivo dado ao comportamento dos subordinados sobre a busca de informação, o que ajuda a explicar o baixo RM de 3.1. Por outro lado, o que foi constatado sobre o RM do item 5 pode receber as mesmas explicações dadas para a média menor que 3 do item 1.

O item 8 alcançou uma média de 3,4, indicando concordância e distância da neutralidade. Nesse caso, infere-se que existe estímulo para o comportamento de distribuição, bem como pode-se dizer que decorre da presença de padrões, normas e regras. Esse RM converge para constatações feitas pelo Coeficiente de Pearson, porém apenas no que diz respeito aos gerentes e não aos subordinados.

Dos oito itens que compõe a Tabela 1, sete tratam diretamente dos gestores. A relevância dada aos gestores para a cultura informacional é porque são mediadores, influentes e responsáveis por dirigir e controlar resultados, obtidos por meio do comportamento dos funcionários. Dessa forma, transmitem conhecimento sobre a forma de conduzir aceita como correta pela organização. Esses resultados corroboram com o que defende Curry e Moore (2003), pois situam a liderança como um dos elementos presentes na cultura informacional. Para Ponjuán Dante (2007, p. 33) as pessoas de cargos hierárquicos como os diretores devem ser convencidos da importância da cultura informacional e de que devem praticar comportamentos informacionais positivos. A cultura de uma organização é transmitida na interação das pessoas, sendo necessário obter influência sobre o comportamento tanto dos gestores como dos subordinados para aderirem ao contexto sociocultural de produção e uso da informação. Assim, alguns dos *Ranking* Médios mostraram-se ligeiramente acima de 3, sendo necessário fornecer esclarecimentos aos gestores sobre o exercício do papel de influenciadores (*gatekeepers*), uma vez que executam os comportamentos informacionais de compartilhamento e de busca. Além disso, os próprios gerentes indicaram que possuem maior proporção desses comportamentos quando comparado ao que creem que realizam os subordinados.

Tabela 3: A organização e o comportamento informacional

	ESCALA e Frequência das respostas					Ranking Médio
	1	2	3	4	5	
9 - La organización valora los comportamientos de distribución de información entre los gestores de diferentes niveles jerárquicos.	2	2	7	6	6	3.5
10 - La organización provee herramientas tecnológicas para colecta, organización y la distribución de información.	0	3	6	7	7	3.7
11 - La organización valora los comportamientos de distribución de información entre los empleados de diferentes niveles jerárquicos.	0	2	7	9	5	3.7
12 - La organización valora los comportamientos de búsqueda de información.	1	1	5	12	4	3.7
13 - La empresa provee soporte para desarrollar competencias para trabajar con información.	1	1	7	11	3	3.6
14 - La cultura de la organización influye en la distribución de información.	0	2	7	9	5	3.7

15 - La cultura de la organización influye en la búsqueda de información.	0	2	7	9	5	3.7
16 - Se buscan las informaciones dentro de la organización.	1	3	6	8	5	3.6
17 - Se buscan las informaciones fuera de la organización.	0	0	4	11	8	4.2
18 - Las personas reciben entrenamiento para buscar informaciones en la organización.	3	9	7	3	1	2.6
19 - Las personas recolectan, organizan y distribuyen información.	0	3	10	8	2	3.4
20 - Hay entrenamiento de personas para compartir informaciones en la organización.	3	8	7	4	1	2.7

Fonte: Elaborado pela autora.

Com esse segundo grupo de afirmativas, pretendia-se identificar os comportamentos informacionais que são estimulados pelos valores e pelas crenças, pelo processo de socialização, e quais são os comportamentos informacionais aparecem nessas empresas.

Nesse grupo de itens apenas dois apresentaram um RM inferior a 3. Os dois itens, 18 e 20, tinham interesse sobre o treinamento que as pessoas recebem para executar comportamentos de busca e de compartilhamento. A não concordância com os itens sugere que não existe treinamento voltado ao comportamento informacional. Contudo, isso não indica a ausência de tais comportamentos, mas apenas que as pessoas não recebem uma socialização específica para isso. Os itens 3, 4 e 33 apresentaram RM superior a 3, indicando que os comportamentos de busca e de compartilhamento são executados.

Além disso, a socialização para desenvolver tais comportamentos pode ocorrer informalmente, levando os respondentes a indicarem a não existência do treinamento, pois pode ser associado a algo formalizado pelos sujeitos de pesquisa.

Pichs Fernandez e Ponjuán Dante (2014) explicam que os trabalhos educacionais são necessários para a cultura informacional no ambiente universitário, argumento que pode ser estendido ao ambiente empresarial. Entende-se que se trata de um processo de inclusão, formal ou informal, fundamental e indispensável, uma vez que todas as pessoas necessitam de um processo de educação, instrução ou inclusão (treinamento) para atuarem em qualquer organização. Assim, foi conferido ao item 13 um RM de 3,6, supondo-se que "[...] a empresa provee soporte para desarrollar competencias para trabajar con la información", sendo que tal suporte pode advir de um processo de educação ou inclusão informal. O item 19, com um RM de 3,4, indica que "as personas recolectan, organizan y distribuyen información", isto é, exercem competências adquiridas especificamente para trabalhar com a informação. Compreende-se que a concordância obtida no item 19 indica a presença de algum tipo de socialização, não sendo propriamente um treinamento formalizado.

O item 17 destaca-se nesse grupo, pois possui um RM de 4,2. A discussão do trabalho não se propõe a esclarecer sobre os tipos de informação usados pelo setor eletroeletrônico espanhol, porém, como se trata de um setor competitivo, e por isso, supõe--se que a cultura informacional deve influir sobre a forma como as pessoas percebem, buscam e usam a informação com a finalidade de obter vantagem para a empresa, sendo uma forma compartilhada pelo grupo. Trata-se de um setor competitivo e dependente de inovação, o que significa que deve investir cada vez mais na capacitação das pessoas para manejarem a informação.

Entretanto, o histórico do setor indica que mesmo oferecendo valores salariais acima da média do setor industrial espanhol, as pessoas têm perdido interesse em fazer carreira, inclusive no que diz respeito a obter uma graduação voltada a trabalhor no setor eletroeletrônico. Dados produzidos sobre o setor indicam que enquanto existe crescimento do número de empregados no setor de eletroeletrônicos em países como Japão e Coreia, a Espanha apresenta decréscimo (Observatorio Industrial del Sector de Electrónica, Tecnologías de la Información y Telecomunicaciones, 2009, p. 56). Assim, deve-se buscar efetivar cada vez mais mecanismos de formação que permitam aos trabalhadores desenvolverem comportamentos informacionais para buscar informações no ambiente externo da organização, uma vez que isso é determinante na atuação desse conjunto de organizações.

O setor de eletroeletrônicos da Espanha investe menos em inovação quando comparado ao que ocorre em outros países, como a Finlândia. Enquanto a Espanha apresenta um *Index of Growth in Innovation Performance*[20] de 0,28, a Finlândia apresenta 0,79. Dessa forma, é razoável deduzir que a busca de informação externa tanto pode ser feita com a finalidade de realizar melhoramento ou introdução de um produto ou processo, como para atuar no mercado nacional e internacional, para comercialização ou deslocamento da produção.

É evidente que se existe insuficiente inovação no setor, supõe-se ser necessário possuir uma cultura que estimule as pessoas a buscarem informação no ambiente (externo ou interno). Em 2012, 57,5% das empresas do setor informaram realizar atividades inovadoras, o que conduz à necessidade de buscar e usar informação adequadamente (Ministerio de Industria, Energía y Turismo, 2014, p. 42).

Visando uma análise mais ampla sobre o RM do item 17, percebe-se que indica a presença da cultura informacional no setor, uma vez que as pessoas buscam informação mesmo que as fontes localizem-se fora da empresa, inclusive podendo assumir isso como uma forma de amenizar a atual conjuntura a qual o setor de eletroeltrônicos está exposto (Observatorio Industrial del Sector de Electrónica, Tecnologías de la Información y Telecomunicaciones, 2009, p. 12).

Os demais itens apresentaram RM maior que 3. A concordância com os itens da Tabela 2 mostra que existem valores, incentivos e a prática do comportamento informacional, elementos necessários para atuação desse setor em um ambiente competitivo que tem como base manejar a informação. Davenport (1999, p. 104) apud Ponjuán Dante (2007, p. 32) expressa que a cultura

---

20. Segundo o Observatorio Industrial do Sector de Electrónica, Tecnologías de la Información y Telecomunicaciones (2009, p. 39).

informacional está nos comportamentos (praticados) orientados por valores e crenças voltados ao trato da informação, o que sugere que o setor apresenta indícios de que possui cultura informacional. A prática dos comportamentos informacionais é incentivada pela presença de tecnologias de informação e comunicação, uma vez que fornece apoio para que as pessoas exerçam suas habilidades, correspondendo aos argumentos apresentados por Ponjuán Dante (2007). O item 10 recebeu RM maior que 3,7, de forma que os respondentes apontam concordância com o fato de que "[...] a organización provee herramientas tecnológicas para recolecta, organización y la distribución de información".

Por meio da Tabela 2 infere-se que as organizações do setor eletroeletrônico possuem cultura informacional, porém sem apresentar preocupação com a sua efetiva formalização, posto que existem comportamentos informacionais praticados visando distribuir informação como sugerem os RM dos itens 9, 14 e 19 desvinculados de treinamento, que podem ter sido obtidos informalmente. Assim, existem efeitos da estrutura informal sobre o comportamento informacional decorrentes da cultura, bem com do fornecimento de ferramentas tecnológicas.

Tabela 4: A comunicação e a cultura da informação

	ESCALA e Frequência das respostas					Ranking Médio
	1	2	3	4	5	
21 - La organización incentiva y valora la comunicación entre los empleados.	2	4	3	11	3	3.4
22 - La comunicación organizacional favorece el cambio de informaciones.	1	1	8	9	4	3.6
23 - La comunicación entre los gestores resulta en la distribución de información.	1	3	6	8	5	3.6

24 - La comunicación en la organización hace uso de tecnologías de información.	1	1	7	8	6	3.7
25 - La comunicación ocurre entre empleados y jefes /gerentes.	0	0	5	11	7	4.1
26 - La comunicación ocurre informalmente.	0	1	8	10	4	3.7
27 - La comunicación ocurre entre personas del mismo nivel jerárquico.	0	2	5	9	7	3.9
28 - La comunicación ocurre en reuniones.	1	2	5	11	4	3.7

Fonte: Elaborado pela autora.

Por sua vez, a Tabela 3 agrupa afirmativas que visavam identificar o processo de comunicação na cultura informacional. Assim, os *Rankings* Médios obtidos na Tabela 3 sugerem concordância com os itens voltados à comunicação e sua relação com o comportamento informacional.

O item 21 apresentou um RM de 3,4, indicando que existe valorização da comunicação realizada entre pessoas do mesmo nível hierárquico. Porém como identificado pelo Coeficiente de Pearson, a comunicação é valorizada, mas nem sempre objetiva trocas ou distribuição de informação. Essa concordância é relevante do ponto de vista que se trata de uma comunicação com ênfase em fluxos horizontais.

O RM de 4,1 do item 25 sugere que a comunicação também se apresenta no formato verticalizado. Isso significa que existe comunicação nas diferentes direções, mas não aborda sobre o conteúdo do que é comunicado. Assim, a comunicação com direcionamento horizontal e vertical indica a presença da cultura informacional. Segundo Ponjuán Dante (2007, p. 36-37) é necessário a existência de determinadas condições que favoreçam o manejo da informação, bem como a realização das tarefas. Entre muitas, a autora indica a comunicação como constatado pelos dados do RM.

No que diz respeito ao item 22, pode-se dizer que a comunicação organizacional identificada favorece a troca de informação, uma vez que o RM atingiu 3,6, podendo-se inferir disso que a cultura informacional está presente. Isso se confirmou parcialmente pelo Coeficiente de Pearson.

Dessa forma, as conclusões obtidas com o RM do item 22 quando comparadas ao obtido com o Coeficiente de Pearson apresentam diferenças. Nesse caso, é necessário assinalar que os Coeficientes de Pearson que se apresentaram fracos ou inexistentes abordavam sobre comunicação, o que conduziu a maior cautela para construir conclusões sobre os itens que continham esse tema.

Não apenas as trocas de informação são consideradas efetivas, como também que ocorrem informalmente como mostra o RM de 3.7 do item 26 e, que a comunicação ocorre horizontalmente, como mostra o RM de 3.9 do item 27.

Ponjuán Dante (2007, p. 23-33) explica que os comportamentos de compartilhamento resultam da cultura. Além disso, tais comportamentos são, na verdade, conhecimentos que o indivíduo possui sobre como manejar a informação. Dessa forma, os RM dos itens 26 e 27 expressam que os indivíduos possuem conhecimento sobre como manejar a informação, seguindo um padrão informal e horizontal.

A informalidade, por sua vez, significa que a cultura informacional é praticada, possuindo valores centrais que impelem a execução de comportamentos norteados pela estrutura organizacional informal da empresa. Entre outras considerações, de acordo com García Alsina e Ortoll Espinet (2012, p. 104), é necessário assinalar que a estrutura organizacional repercute sobre a cultura informacional, sendo provável que a estrutura organizacional formal apresenta-se insuficiente para o funcionamento da comunicação.

A comunicação realizada nas empresas do setor faz uso de tecnologias de informação, como expressa o RM de 3.7 do item 24. Embora não atinja um RM próximo a 5, sugere que a comunicação é realizada com a participação das tecnologias de informação e comunicação. Para Ponjuán Dante (2007, p. 37) as tecnologias são fatores facilitadores e de apoio para o exercício da cultura informacional, posto ser um importante coadjuvante da comunicação.

Os itens da Tabela 5 tocando na questão do compartilhamento, no acesso e nos rituais, nas crenças e nos costumes que concretizam a distribuição de informação.

Tabela 5: Elementos e processos da cultura informacional

	ESCALA e Frequência das respostas					*Ranking* Médio
29 - Las personas tienen interés en compartir informaciones.	0	1	6	10	6	3.9
30 - La empresa provee condiciones para compartir información.	1	1	8	9	4	3.6
31 - Las informaciones compartidas son relevantes.	1	1	8	11	2	3.5
32 - Sólo los gerentes tienen acceso a las informaciones importantes.	3	4	3	9	3	3.1
33 - Hay confianza para realizar la distribución de información.	0	2	6	10	5	3.8
34 - Hay rituales usados o costumbres usadas en la distribución de información.	0	2	13	5	3	3.4
35 - Las personas creen que la distribución de la información es importante y necesaria.	1	0	2	13	7	4.1
36 - Las personas suelen usar estándares de comportamiento considerados correctos por la organización.	1	0	7	12	3	3.7
37 - La cultura de la organización busca construir y mantener un ambiente con flujos de información entre las personas.	0	1	7	9	6	3.9
38 - La cultura de la organización influye en la interacción entre las personas.	1	0	3	12	7	4.6

Fonte: Elaborado pela autora.

Os dados da Tabela 4 possibilitam afirmar que os respondentes apresentam concordância com os itens do instrumento de pesquisa, pois a maior parte dos RM apresenta um valor superior a 3 entre os itens 29 e 38. A valorização da informação pode tanto ser percebida em comportamentos em que as pessoas buscam omitir informação, como também quando realizam o compartilhamento de informação. A diferença entre as duas situações é que enquanto na primeira não existem comportamentos informacionais que evidenciam a cultura informacional, na segunda, preza-se por situações de exposição adequada da informação, planejadas e executadas tanto por meio da formalização dos comportamentos nas tarefas inerentes aos cargos, como também pelos estímulos obtidos do contexto sociocultural e que conduzem ao comportamento de compartilhamento.

O RM dos itens 29 e 33 é superior a 3, indicando a tendência dos sujeitos de pesquisa em concordar com estes itens do instrumento de pesquisa. Mostram valores criados e divulgados da cultura informacional presente nas empresas investigadas e um clima informacional, produto da cultura informacional, que para Correia e Wilson (2002) apud García Alsina e Ortoll Espinet (2012, p. 110) estabelece as condições favoráveis de acesso e de uso da informação. Diante dessas condições, pode-se obter interesse das pessoas em compartilhar informação, dado que existem condições de confiança para realizar a distribuição de informação.

Os itens que fornecem informações sobre o contexto das empresas são três: o 30 ("La empresa provee condiciones para compartir información"), o 32 ("Sólo los gerentes tienen acceso a las informaciones importantes"), e o 37 ("La cultura de la organización busca construir y mantener un ambiente con flujos de información entre las personas"), sendo que todos apresentaram RM com valores superiores a 3. Porém, o item 32 possui um RM de 3.1, sugerindo aproximação com um valor de tendência neutra. Em outras palavras, a interpretação desse RM exige maior cautela, pois existe apenas uma leve concordância com o item. Isso quer dizer que os gerentes acessam informações específicas, porém outras pessoas talvez acessem também, daí a lseve concordância mostrada pelo RM obtido. Logo, o comportamento de acesso à informação revela diferenças entre os indivíduos dessas empresas.

Entretanto, como o instrumento foi preenchido pelos próprios gestores, é necessário considerar tratar-se apenas de um ponto de vista. Nesse caso, o posicionamento dos gerentes expressou que todos têm acesso à informação importante. Contudo, não se pode afirmar que o acesso à informação que é realizado por todos ocorre sobre o mesmo tipo de informação, pois as necessidades informacionais são contextualizadas, conforme defendem Dorner, Gorman e Calvert (2015, p. 23-24).

É parte do que acreditam os respondentes, que a distribuição da informação é importante e necessária, conforme indica o RM do item 35. A distribuição da informação é parte do que forma o contexto de acesso à informação e as necessidades permanecem insatisfeitas se o indivíduo não tem este acesso. A realidade das empresas investigadas é a expressão das concepções centrais da cultura instalada, tal como explicitam Dorner, Gorman e Calvert (2015, p. 26). Então, o ato de distribuir informação corrobora para que as necessidades de informação possam ser externalizadas. Assim, quando os gestores repercutem a crença de que a informação é importante e necessária, isso pode estimular comportamentos informacionais de acesso e maior consciência das necessidades informacionais latentes nos indivíduos que trabalham nas empresas investigadas (Dorner; Gorman; Calvert, 2015, p. 29).

O RM do item 35 indica que quando os gestores creem e percebem a relevância da informação para atuação individual e coletiva, estas crenças são difundidas e estimulam o compartilhamento de informação entre os indivíduos. Dessa forma, acessar a informação que é distribuída ajuda a cumprir as expectativas ou lacunas de informação dos indivíduos (García Alsina; Ortoll Espinet, 2012; Pichs Fernandes; Ponjuán Dante, 2014, p. 33).

Segundo Ponjuán Dante (2007, p. 33), os gestores devem ser os primeiros a serem convencidos sobre a importância do compartilhamento, por isso, é necessário que desenvolvam e incorporem crenças advindas da cultura informacional.

O contexto para desenvolver os comportamentos informacionais é a cultura informacional. O item 37, com um RM de 3.9, aponta para que a cultura presente nas empresas, objetiva construir e manter um ambiente com fluxos de informação entre as pessoas. Nesse sentido, a cultura informacional promove os fluxos informacionais e reflete a estrutura organizacional, como argumentado anteriormente no capítulo teórico deste livro. Logo, com um RM alto nesse item, deduz-se que os fluxos de informação resultam de um processo claro que determina quais informações são valiosas, quais são as responsabilidades sobre a informação que estão integradas ao cargo do indivíduo e necessárias para gerenciar a informação, conforme defende Davenport (1999, p. 130 apud Ponjuán Dante, 2007, p. 34). Dessa forma, é evidente que se os fluxos apresentam como resultado uma informação "moderadamente" importante, é necessário avaliar a forma como essa informação está sendo gerenciada, inclusive avaliando a incorporação ou destituição de responsabilidades de determinados cargos sobre a gestão da informação.

Com um RM de 3.7, o item 36 indica que os padrões de comportamento informacional considerados corretos pela organização estão presentes. Infere-se que os padrões compartilhados são importantes como indicadores de que a cultura informacional investigada existe nas empresas. Isso não significa que os padrões corretos são plenamente aceitos e praticados por todos nas empresas.

O item 38 abordou a influência da cultura informacional presente nas empresas visando obter interação entre as pessoas, obtendo um RM de 4.6 com alta concordância. Este item pode indicar que a cultura é responsável por comportamentos de compartilhamento, distribuição e busca de informação, uma vez que estes são obtidos quando existe interação entre as pessoas. Se existem estímulos provenientes da cultura informacional, as pessoas serão influenciadas a expressarem isso em seus comportamentos. Assim, Pinto Prieto, Becerra Ardila e Gómez Flórez (2012, p. 270) defendem que a cultura pode ser o maior impedimento para a transferência de conhecimento, mas no caso da investigação das empresas do setor de eletroeletrônicos, parece apontar favoravelmente para uma cultura que influencia a interação entre as pessoas.

3. A cultura informacional das empresas do setor eletroeletrônico da Espanha: uma síntese

Cada cultura possui um conjunto de elementos e processos que a caracterizam e definem a forma de pensar e agir de um grupo de indivíduos. A cultura informacional pode ser investigada a partir dos mesmos atributos (valores, crenças, pressupostos, mitos, ritos, processos de comunicação e de socialização, práticas, estratégias), porém, com uma função mais específica: desenvolver e estimular comportamentos informacionais nas pessoas. Dessa forma, entre as considerações traçadas a partir da análise, deve-se apontar os elementos e processos da cultura informacional. Do que foi constatado na análise e discussão, deve-se assinalar que existe relação entre os comportamentos de produção e uso da informação com a cultura informacional identificada.

A partir do agrupamento das correlações obtidas com o Coeficiente de Pearson a cultura informacional recebeu as seguintes categorias: elementos da cultura informacional, processos da cultura informacional, tecnologias de informação e comunicação e contexto da cultura informacional. Dessa forma, as técnicas de organização e análise empregadas sobre os dados coletados contribuíram para alcançar inferências, as quais foram conseguidas também com base na revisão de literatura. Se, por um lado, o Coeficiente de Pearson buscou inferências com base em correlações, por outro, o *Ranking* Médio destacou as médias obtidas isoladamente por cada uma das afirmativas do instrumento. Desse modo, no decorrer da análise do *Ranking* Médio pôde-se obter comparações e confirmações das inferências alcançadas com o Coeficiente de Peason. Assim, chegou-se a seguinte síntese:

• A valorização de comportamentos de busca e compartilhamento dos gestores se pauta em pouco estímulo. Isso pode significar que a organização valoriza, porém não cria mecanismos para tornar concreta a valorização desse tipo de comportamento pelos gestores. As implicações disso seriam a reprodução de comportamentos negativos (que não se voltam à busca, compartilhamento) pelos subordinados, bem como pode gerar ambiguidade em relação aos valores defendidos pela organização. Além disso, o pouco estímulo pode interferir nas ações efetivas dos mediadores da cultura informacional e da informação (liderança/gerência). A sugestão proposta é que esse conjunto de organizações incorpore à política organizacional os incentivos a esse tipo de comportamento, trabalhando internamente as próprias normas e regras voltadas aos comportamentos informacionais.

• Os incentivos estão associados à estrutura organizacional formal das organizações, sendo provável que se refiram às condições impostas de antemão pelo conjunto de tarefas definidas para cada cargo. Dessa forma, são considerados estímulos aplicados na forma de regras, normas e objetivos. Ainda associado à estrutura organizacional, percebeu-se que a estrutura organizacional formal da organização apresenta diferenças com relação à informal. Assim, determinados comportamentos regidos pela informalidade não estão contemplados na estrutura organizacional formal, situação que implica em que muitas regras e padrões seguidos são ajustes sociais ou determinados pela liderança. Podem surgir também, em função de uma estrutura organizacional formal inadequada para as necessidades das pessoas e cargos. Assim, as normas, regras e padrões são usados pelos gestores para estimular ou incentivar comportamentos de busca, coleta, compartilhamento e distribuição.

- A cultura informacional das empresas demonstra um clima de confiança para exercer comportamentos de distribuição de informação. Nesse sentido, acredita-se que a distribuição da informação é importante e necessária para as empresas investigadas. Porém, isso não garante qualidade do fluxo de informação dessas organizações, tendo em vista que outro item apontou que as informações compartilhadas são relevantes, porém com um nível de concordância próximo a 3 obtido pelo *Ranking* Médio, que é a neutralidade.

- Existe a coexistência de valores destinados ao ato de buscar informação, de compartilhar e de distribuir, o que consequentemente repercute na produção e uso de mais informação.

- A presença de normas e valores sobre a distribuição de informação proporciona um contexto favorável para as pessoas. Desse modo, provavelmente a cultura informacional emprega forças para propiciar um ambiente positivo para as trocas de informação, o resultado é um estado de confiança. Os valores dirigidos à distribuição são parte da rotina estabelecida pela estrutura organizacional das empresas investigadas.

- A informação é valorizada nas empresas investigadas, bem como seu acesso, porém com restrições para realizar esse acesso à informação. Entretanto, essa valorização da informação compartilhada deve ser relativizada. Isso porque parte da informação compartilhada, pode apresentar-se irrelevante para as pessoas que a recebem. Essa situação sugere um fluxo de informação mal direcionado, e talvez, sem um efetivo tratamento da informação. Nesse caso, essa situação prejudica o uso da informação, uma vez que parte da informação que é disponibilizada nas empresas investigadas não foi considerada importante.

- As pessoas dessas empresas buscam informações no ambiente externo, incentivados pela demanda de inovação do setor de eletroeletrônicos, o que requer a presença de comportamentos informacionais de busca, prospecção e monitoramento.

- Além disso, valorizam e usam tecnologias de informação e comunicação nas empresas investigadas, uma vez que fornecem essas ferramentas para realizar coleta, organização e distribuição de informação.

No que diz respeito aos processos culturais, os quais são entendidos como a dinâmica assumida pela comunicação (a transferência de informação entre indivíduos) e pela socialização (a forma como ela é internalizada), tem-se que:

- Os gestores orientam os funcionários sobre como realizar compartilhamento. Isso significa que existe um processo de socialização, provavelmente informal, o que remete ao fato de que os subordinados podem não receber treinamento, porque os gerentes creem ser suficiente conhecer o conjunto de tarefas do cargo, sendo dispensável o acesso, a busca e o compartilhamento mais amplos de informação que aqueles destinados ao conjunto de tarefas específicas a cada subordinado. Se assim for, trata-se de uma percepção burocrática por parte das empresas investigadas, posto que as implicações para esse tipo de modelo de organização é que se costuma ignorar situações e problemas desconhecidos ou não previstos. Isto é, problemas imprevistos, incluindo os associados às tarefas corriqueiras, podem não estar contemplados como elementos importantes para compor o comportamento informacional. Assim, informações para combater a imprevisibilidade podem ser ignoradas pelos indivíduos, porque não receberam formação, instrução ou preparo para isso.

- A comunicação ocorre entre pessoas do mesmo nível hierárquico, mas também é verticalizada, levando a considerar que a cultura informacional pode perpassar mais de um nível hierárquico das empresas investigadas. Outro resultado complementar é que a comunicação organizacional favorece as trocas de informação também no sentido horizontal.

- O processo de comunicação na cultura informacional das empresas investigadas é apoiado pelas TICs, sendo que estas são consideradas ferramentas de incentivo ao compartilhamento de informação entre as pessoas. Assim, há uma tendência em adotar as tecnologias de informação pelas empresas, contudo sem recorrer sempre ao seu uso. O ato de fornecer ferramentas tecnológicas concretiza e estimula comportamentos informacionais de busca, acesso, compartilhamento e troca. As condições para compartilhar informação e a presença das TICs estão associadas, mas estas nem sempre determinam e influenciam o comportamento de compartilhamento.

- Os valores existem e destinam-se a incentivar comportamentos informacionais, seja em diretores ou em empregados de níveis inferiores, ainda que de maneira informal. Por outro lado, os valores associam-se claramente ao uso das TICs, notando-se normas, regras e padrões característicos da cultura informacional, os quais incentivam o comportamento informacional, inclusive sobre os atos de trocar, compartilhar ou distribuir, os quais conduzem a produção e uso da informação.

- A presença de incentivos sugere que os valores dirigem-se para trabalhar a informação (para produzir ou usar), de forma que os níveis hierárquicos interajam, comunicando e distribuindo informação.

- Existem valores e crenças sobre o ato de compartilhar e de distribuir informação. Contudo, também foram identificadas crenças negativas (que impedem ou não estimulam) sobre a comunicação entre chefes, diretores, gerentes e empregados sobre o ato de distribuir a informação.

- Há presença de valores para realizar comunicação e para os comportamentos dirigidos à busca e ao compartilhamento da informação, junto aos chefes, diretores, gerentes e cargos mais baixos.

- A socialização, presente nas organizações, é demonstrada em comportamentos informacionais e em uma comunicação favorável ao fluxo de informação.

O contexto sociocultural das empresas investigadas indica a presença da cultura informacional, porém, não se pode afirmar que se trata de uma cultura homogênea e compartilhada por todas as pessoas que compõem esse ambiente laboral. Por fim, considera-se que:

- Notou-se um comportamento de liderança e de influência semelhante ao *gatekeeper*, constituindo-se em influência para os empregados no que diz respeito aos comportamentos informacionais de busca de informação.

- A cultura possui uma relação de influência sobre como a organização compreende a informação, como também sobre os comportamentos. Assim, é perceptível que as condutas são afetadas pela cultura informacional instalada.

Dessa maneira, entende-se que os resultados alcançados por meio das técnicas de análise permitiram identificar a cultura informacional nos comportamentos de produção e uso da informação, de compartilhamento ou troca, de busca e de identificação de necessidades. Os valores, as crenças, os rituais, bem como o processo de socialização e a comunicação organizacional mostraram-se voltados a manejar a informação nas empresas investigadas.

CONSIDERAÇÕES FINAIS

Diante da análise da literatura e dos dados coletados junto às empresas do setor de eletroeletrônicos da Espanha, foi possível chegar à conclusão de que a cultura informacional precisa permanecer na pauta de investigação da Ciência da Informação, tanto para defini-la do ponto de vista teórico, como também para estudar e criar técnicas de mudança ou incorporação dessa cultura nas empresas.

A cultura informacional é um contexto de atuação e de formação do comportamento informacional no qual se valoriza a produção e uso de informação por meio de comportamentos estimulados pela empresa. O presente relatório de pesquisa compôs-se de duas partes: uma destinada ao conceito de cultura informacional na Ciência da Informação/Documentação na Espanha e outra, voltada a investigar a cultura informacional de empresas do setor de eletroeletrônicos espanhol.

A investigação estabeleceu alguns objetivos específicos. O primeiro pretendeu identificar como o conceito de cultura informacional era tratado pela literatura da Documentação na Espanha, delimitando os usos atribuídos em suas respectivas abordagens. Como estabelecido no Capítulo 2, o termo não demonstra homogeneidade, sendo encontrado associado a diferentes temas, tais como gestão do conhecimento, gestão da informação, gestão documental, inteligência competitiva.

A menção à cultura informacional aparece em três abordagens: a que trata de temas em gestão, a abordagem socioeducacional e a relacionada à TIC e à comunicação. As distintas abordagens encontram harmonia em alguns pontos, sendo o principal deles que a cultura informacional é um contexto sociocultural que influencia o comportamento das pessoas em quesitos de produção e uso de informação.

O segundo objetivo específico visou investigar a relação entre comportamentos de produção e/ou de uso da informação com a cultura informacional. Tal relação ficou explícita total ou parcialmente nos argumentos de Cornella (1994), Ginman (1987), Cornella (1996, 1998, 1999, 2000, 2001), Davenport e Prusak (1998), Widen Wulff (2000), Bulinge (2002), Córdoba González (2003), Soy i Aumatell (2003), Curry e Moore (2003), Ponjuan Dante (2007), Soares Torquato (2007), Ferrer (2008), Moares e Fadel (2008), Oliver (2008), Woida (2008, 2013), Serres (2008), Silva e Duarte (2010), Choo et al. (2008), Alves e Barbosa (2010), García Alsina e Ortoll Espinett (2012), Pinto Prieto, Becerra Ardila e Gómez Flórez (2012), Alves e Duarte (2013), Moraes (2013), Valentim (2013), Pichs Fernandez e Ponjuán Dante (2014), Alves e Duarte (2014). Tanto a produção, como o uso da informação estão condicionados pela valorização (conscientização) e a estrutura física (tecnologias de informação) e política da organização. Além disso, esse objetivo também se cumpre com o estudo das empresas do setor.

O terceiro objetivo estabeleceu verificar os comportamentos de produção, compartilhamento e uso da informação no contexto da cultura informacional no setor de Tecnologias e Componentes para a Instalação Elétrica ou/e Setor de Automatização, Controle Industrial e Eletrônica da Espanha.

Conforme a análise realizada, conclui-se que a produção de informação depende do tipo de informação, das fontes pesquisadas pelos indivíduos e da comunicação realizada entre eles, sendo que esta pode ser realizada incluindo os indivíduos dos níveis hierárquicos inferiores ou ser centralizada nos níveis gerenciais. Por sua vez, o compartilhamento é parcialmente restrito, uma vez que o acesso à informação é feito apenas por líderes (portanto, gestores ou cargos não operacionais pertencentes aos níveis mais baixos da estrutura organizacional), com a aplicação de normas que efetivam essa restrição, de forma que o fluxo de informação segue a cadeia de comando. Em outras palavras, é um fluxo de informação que obedece à ordem hierárquica estabelecida entre os cargos pela estrutura organizacional nas empresas. Por outro lado, o uso da informação está voltado a reduzir o tempo gasto para a execução de tarefas e solução de problemas de clientes.

Além disso, os comportamentos que conduzem à produção de informação estão associados à socialização e preparam o indivíduo para trabalhar a informação, isto é, recebem algum tipo de preparo ou formação para concretizar tal comportamento.

As empresas do setor de eletroeletrônicos investigadas dependem de constante inovação. Dessa forma, notou-se que tal necessidade de inovar exige a presença de valores destinados a incentivar o comportamento informacional (busca, compartilhamento e distribuição) nos gestores, porém com dados menos expressivos sobre os subordinados. Assim, mesmo confirmando os incentivos e valores para a troca de informação, estes parecem ser insuficientes, o que gera uma cultura informacional centralizada em subgrupos. Isto é, há indícios nas empresas do setor investigado de que a cultura informacional esteja concentrada em pequenos grupos de tomadores de decisão (gestores), e não seja disseminada e adotada por todos os funcionários.

A despeito de a literatura afirmar existir uma escassa cultura informacional no empresariado espanhol, como afirmou Ferrer (2008), constatou-se o contrário. Há uma tendência nas empresas investigadas em buscar inovação, necessitando de fluxos de informação consistentes e, consequentemente, pessoas comprometidas e com comportamentos informacionais conseguidos por meio de práticas, estratégias, comunicação e socialização que concretizam os valores, as crenças em normas e rituais.

Por outro lado, a crise econômica instalada na Espanha desde 2008 determinou maior necessidade de usar os recursos informação, pessoas, tecnologias de informação e comunicação. Contudo, apesar da crise exigir maior uso de informação, de comprometimento e de participação das pessoas que trabalham no ambiente dessas empresas e, do uso das TICs, existem dificuldades declaradas nos documentos do setor que mostram uma realidade contrária a satisfazer essas necessidades, entre as quais, conseguir profissionais qualificados e optar por não acessar informação mediante pagamento. Tal fato interfere na competitividade das empresas.

Dessa forma, a cultura informacional presente assume características que não se estendem a toda a estrutura organizacional das empresas do setor, mantendo-se presente em alguns níveis dessa estrutura, uma vez que parece não valorizar a participação e a informação produzida e disseminada por indivíduos que atuam nos níveis hierárquicos mais baixos. Conquanto muitas particularidades da cultura informacional investigada sejam adequadas, existe a necessidade de trabalhar a produção e o uso da informação nas empresas.

A pesquisa desenvolvida foi relevante, sobretudo, por testar ideias adquiridas em trabalhos anteriores sobre cultura informacional, bem como para experimentar técnicas de análise de dados, sobretudo conhecer outras formas de realizar pesquisa científica, e ter contato com especialistas e conhecer a realidade de pesquisa de instituições de ensino superior na Espanha.

O contato com as empresas do setor produtivo da Espanha permitiu concluir que existe distanciamento destas empresas em relação à universidade, isto é, baixo interesse das empresas nas pesquisas acadêmicas. Isso leva a dificuldades, não apenas para coletar dados em empresas, mas para desenvolver projetos aplicados aproximados às necessidades e problemas das empresas.

Decorrem desta pesquisa alguns desdobramentos, os quais merecerão destaque em investigações futuras. Em primeiro lugar, a cultura informacional nas empresas que compõem o setor de eletroeletrônicos do Brasil deve ser objeto de análise, visando comparar com os resultados obtidos na investigação do setor espanhol análogo. Segundo: a dimensão e o alcance da cultura informacional em empresas de outros setores para constatar se existem graus de distanciamento entre elas. Em terceiro lugar, a relação entre a cultura informacional e comportamentos específicos de prospecção e monitoramento informacional, bem como a influência da cultura nacional sobre as características da cultura informacional nas empresas. Em quarto, de uma perspectiva teórica, a análise dos métodos empregados para a mudança na cultura informacional e que promovam mudanças no comportamento das pessoas que gerenciam e usam informação.

Em última análise, a cultura informacional projeta-se como fundamental à melhoria da gestão da informação nas empresas e seu estudo e teorização devem ser objeto da Ciência da Informação no cenário espanhol e brasileiro.

REFERÊNCIAS

ABADAL, Ernest. Intranets documentales. **El Profesional de la Información**, jun. 1998. Disponível em: <http://www.elprofesionaldelainformacion.com/contenidos/1998/junio/intranets_documentales.html>. Acesso em: 15 set. 2014.

ABREU, A.; MORAES, C. R. B.; WOIDA, L. M.. Organizational socialization as a support to the construction of knowledge and innovation processes. In: VII RESEARCH WORKSHOP ON INSTITUTIONS AND ORGANIZATIONS – Cors, 2012, São Carlos. VII Anais Cors, 2012.

ALÒS-MONER, Adela d. Mapas del conocimiento, com nombre y apellido. **El Profesional de la Información**, v. 12, n. 4, p. 314-318, jul./ago. 2003. Disponível em: <http://www.elprofesionaldelainformacion.com/contenidos/2003/julio/9.pdf>. Acesso em: 15 set. 2014

ALVES, Alessandra; BARBOSA, Ricardo Rodrigues. Influências e barreiras ao compartilhamento da informação: uma perspectiva teórica. **Ciência da Informação**, Brasília, v. 39, n. 2, p. 115-128, maio/ago. 2010.

ALVES, Claudio Augusto; DUARTE, Emeide Nobrega. Tipologia Cultural de Cameron e Quinn: um recurso metodológico de contribuição à definição da cultura informacional. In: XIV ENCONTRO NACIONAL DE PESQUISA EM CIÊNCIA DA INFORMAÇÃO – Enancib. 2013. (GT 4 – Gestão da Informação e do Conhecimento nas Organizações).

_____. Cultura e informação: uma interface complexa e definidora na vida das organizações. **Revista Brasileira de Biblioteconomia e Documentação**, São Paulo, v. 10, n. 1, p. 2-20, jan./jun. 2014.

ANDREU I DAUFÍ, Jordi. El perfil profesional de archivero en la organización: propuesta metodológica para el tratamiento sistémico de los recursos de información de la institución. In: VI JORNADAS ESPAÑOLAS DE DOCUMENTACIÓN – Fesabid, 1998.

ÁNGEL DEL SAZ, Miguel. Gestión del conocimiento: pros y contras. **El Profesional de la Información**, v. 10, n. 4, p. 14-26, abr. 2001. Disponível em: <http://www.elprofesionaldelainformacion.com/contenidos/2001/abril/2.pdf>. Acesso em: 15 set. 2014.

ARRIETA, J. A.; AZKARATE, A. ARANGUREN, N. Sistema Ideko para toma de decisiones estratégicas de un Grupo empresarial de Máquina-Herramienta. In: TENA MILLÁN, J.; COMAI, A. (comps.). **Inteligencia competitiva y vigilancia tecnológica**: experiencias de implantación en España y Latinoamérica. Barcelona: Emecom; Puzzle, 2006. p. 145-172.

ARTILES VISBAL, Sara M.; GARCÍA GONZÁLEZ, Fidel. Cultura informacional. Estrategias para el desarrollo de la sociedad de la información y el conocimiento. **Ciencias de la Información**, v. 31, n. 1-2, p. 49-62, 2000.

BARDIN, L. **Análise de conteúdo**. Lisboa: Edições 70, 1977. 226 p.

BARON, Robert A.; BYRNE, Donn. **Psicología social**. 10. ed. Madrid: Pearson Educación, 2005.

BASULTO RUÍZ, Emilia. La alfabetización informacional. **Revista Digital Sociedad de la Información**, n. 16, p. 1-32, jul. 2009. Disponível em: http://www.sociedadelainformacion.com/16/alfabetizacion.pdf. Acesso em: 20 set. 2014

BAWDEN, David. Revisión de los conceptos de alfabetización informacional y alfabetización digital. **Anales de documentación**, v. 5, p. 361-408, 2002. Disponível em: <http://revistas.um.es/analesdoc/article/eview/2261/2251>. Acesso em: 25 set. 2014

BEJARANO ROJAS, Natividad. Los servicios de información y documentación en una empresa pública y su razón de ser en la organización. In: VI JORNADAS ESPAÑOLAS DE DOCUMENTACIÓN – Fesabid, 1998.

BERGER, P. L.; LUCKMANN, T. **A construção social da realidade**: tratado de sociologia do conhecimento. 24. ed. Petrópolis: Vozes, 2004. 248 p.

BERNHARD, Paulette. La formación en el uso de la información: una ventaja en la enseñanza superior. Situación actual. **Anales de Documentación**, n. 5. p. 410-434. 2002. Disponível em: <http://revistas.um.es/analesdoc/article/view/2271>. Acesso em: 25 set. 2014.

BORGES, L. O.; ALBUQUERQUE, F. J. B. Socialização organizacional. In: ZANELLI, J. C.; BORGES-ANDRADE, J. E.; BASTOS, A. V. B. (orgs.). **Psicologia, organizações e trabalho no Brasil**. Porto Alegre: Artmed, 2004. p. 332-356.

BORKO, H. Information science: what is it? **American Documentation**, v. 19, n. 1, p. 3-5, jan. 1968.

BULINGE, F. **Pour une culture de l'information dans les petites et moyennes organizations**: in modelo incremental d'intelligence economique. 2002. 462f. Tese (Doutorado em Ciência da informação e Comunicação) – Programa de Pós-Graduação em Ciência da Informação e da Comunicação, Université de Toulon et du Var.

_____. Le futur vecteur d'une culture européenne de l'information. **Technologies Internationales**, n. 102, p. 37-40, mar. 2004.

BUSTELO RUESTA, Carlota; GARCÍA-MORALES HUIDOBRO, Elisa. La consultaría en organización de la información. **El Profesional de la Información**, v. 9, n. 9, p. 4-10, set. 2000.

Disponível em: <http://www.elprofesionaldelainformacion.com/contenidos/2000/septiembre/1.pdf>. Acesso em: 15 set. 2014.

CHOO, C. W.; et al. Information culture and information use: an exploratory study of three organizations. **Journal of the American Society for Information Science and Technology**, v. 5, n. 59, p. 792-804, 2008.

CHU, R. A.; WOOD JR., T. Cultura organizacional brasileira pós--globalização: global ou local? **Revista de Administração Pública** (RAP), Rio de Janeiro, v. 42, n. 5, p. 969-991, set./out. 2008.

CLAVER CORTÉS, Enrique; LLOPIS TAVERNER, Juan; GONZÁLEZ RAMÍRES, M. Reyes. El papel de la cultura informacional en la introduccion de nuevos sistemas de informacion en la empresa. **Boletin de Estudios Economicos**, v. LV, n. 169, p. 139-158, 2000.

COMAI, Alessandro. Inteligencia competitiva: logros y desafíos. **El Profesional de la Información**, v. 20, n. 5, p. 489-493, set. 2011. Disponível em: <http://www.elprofesionaldelainformacion.com/contenidos/2011/septiembre/01.pdf>. Acesso em: 5 out. 2014

CÓRDOBA GONZÁLEZ, S. La cultura de información. **Ciencias de la Información**, La Habana, v. 34, n. 3, p. 31-37, dez. 2003. Disponível em: <http://dialnet.unirioja.es/servlet/articulo?codigo=4149205>. Acesso em: 15 nov. 2014.

CORNELLA, Alfons. El nuevo profesional de la información en la empresa. In: _____. **Los recursos de información**: ventaja competitiva de la empresa. Madrid: McGraw-Hill, 1994. 183 p.

_____. La industria editorial europea en la era de la edición digital. **El Profesional de la Información**, dez. 1996. Disponível em: <http://www.elprofesionaldelainformacion.com/contenidos/1996/diciembre/la_industria_editorial_europea_en_la_era_de_la_edicin_digital.html>. Acesso em: 7 out. 2014.

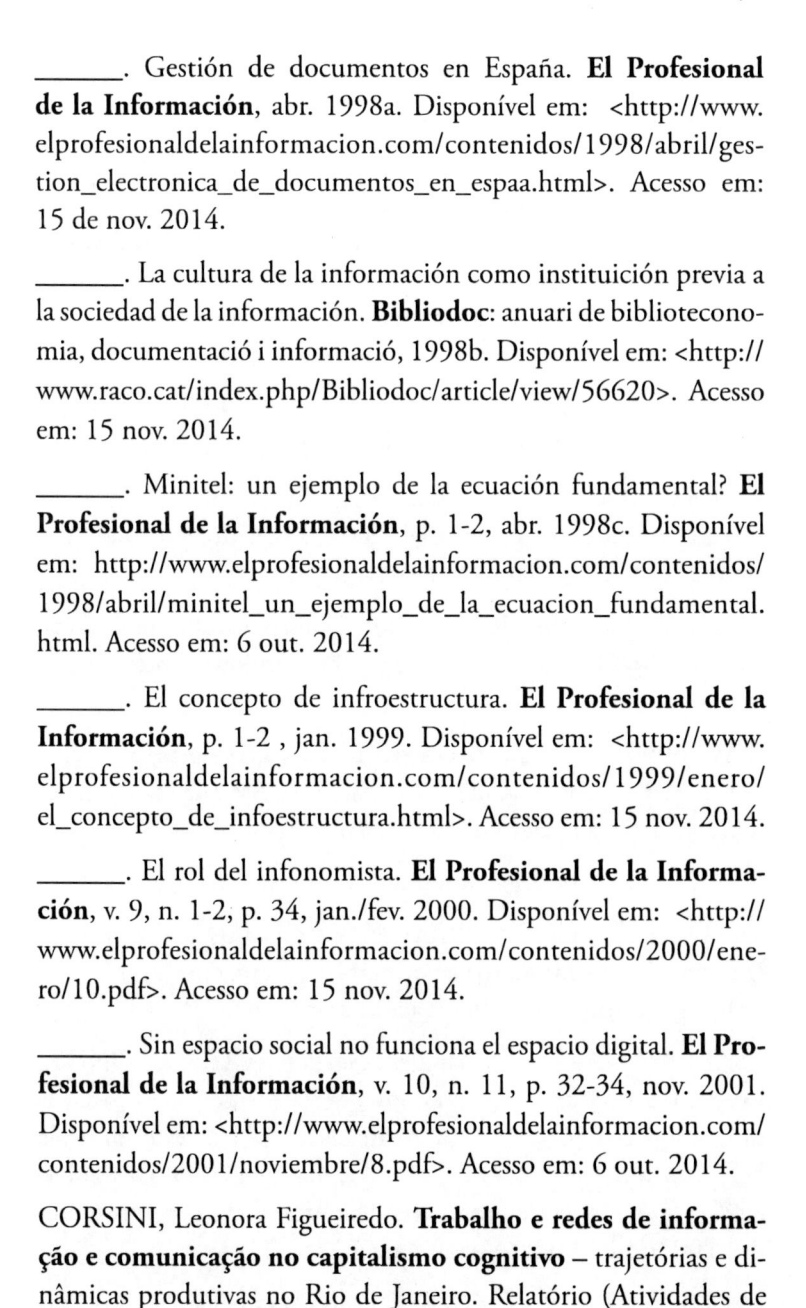

_____. Gestión de documentos en España. **El Profesional de la Información**, abr. 1998a. Disponível em: <http://www.elprofesionaldelainformacion.com/contenidos/1998/abril/gestion_electronica_de_documentos_en_espaa.html>. Acesso em: 15 de nov. 2014.

_____. La cultura de la información como instituición previa a la sociedad de la información. **Bibliodoc**: anuari de biblioteconomia, documentació i informació, 1998b. Disponível em: <http://www.raco.cat/index.php/Bibliodoc/article/view/56620>. Acesso em: 15 nov. 2014.

_____. Minitel: un ejemplo de la ecuación fundamental? **El Profesional de la Información**, p. 1-2, abr. 1998c. Disponível em: http://www.elprofesionaldelainformacion.com/contenidos/1998/abril/minitel_un_ejemplo_de_la_ecuacion_fundamental.html. Acesso em: 6 out. 2014.

_____. El concepto de infroestructura. **El Profesional de la Información**, p. 1-2, jan. 1999. Disponível em: <http://www.elprofesionaldelainformacion.com/contenidos/1999/enero/el_concepto_de_infoestructura.html>. Acesso em: 15 nov. 2014.

_____. El rol del infonomista. **El Profesional de la Información**, v. 9, n. 1-2, p. 34, jan./fev. 2000. Disponível em: <http://www.elprofesionaldelainformacion.com/contenidos/2000/enero/10.pdf>. Acesso em: 15 nov. 2014.

_____. Sin espacio social no funciona el espacio digital. **El Profesional de la Información**, v. 10, n. 11, p. 32-34, nov. 2001. Disponível em: <http://www.elprofesionaldelainformacion.com/contenidos/2001/noviembre/8.pdf>. Acesso em: 6 out. 2014.

CORSINI, Leonora Figueiredo. **Trabalho e redes de informação e comunicação no capitalismo cognitivo** – trajetórias e dinâmicas produtivas no Rio de Janeiro. Relatório (Atividades de

Pós-doutorado). Instituto Brasileiro de Informação em Ciência e Tecnologia – IBICT. Rio de Janeiro: 2011.

CUEVAS CERVERÓ, Aurora; GARCÍA MORENO, María Antonia. Ideias, un modelo de evaluación para inclusión digital y alfabetización informacional orientado a salud. **El Profesional de la Información**, v. 19, n. 3, p. 240-245, maio./jun. 2010. Disponível em: <http://www.elprofesionaldelainformacion.com/contenidos/2010/mayo/03.pdf>. Acesso em: 22 set. 2014.

CUNHA, M. B.; CAVALCANTI, C. R. O. **Dicionário de Biblioteconomia e Arquivologia**. Brasília: Briquet de Lemos, 2008.

CURRY, A.; MOORE, C. Assessing information culture: an exploratory model. **International Journal of Information Management**, n. 23, p. 91-110, 2003.

DANCEY, Christine; REIDY, John. **Estatística sem matemática para Psicologia**: usando SPSS para Windows. Porto Alegre: Artmed, 2006.

DAVENPORT, T. H.; PRUSAK, L. **Ecologia da informação**: por que só a tecnologia não basta para o sucesso na era da informação. São Paulo: Futura, 1998. 316 p.

DIAS, R. **Cultura organizacional**. Campinas: Alínea, 2003.

DORNER, Daniel G.; GORMAN, G. E.; CALVERT, Philip J. **Information needs analysis**: principles and practice in information organizations. Londres: Facet Publishing, 2015.

ESTEBAN NAVARRO, Miguel Ángel; NAVARRO BONILA, Diego. Gestión del conocimiento y servícios de inteligencia: la dimensión estratégica de la información. **El Profesional de la Información**, v. 12, n. 4, p. 269-281, jul/.ago. 2003. Disponível em: <http://www.elprofesionaldelainformacion.com/contenidos/2003/julio/3.pdf>. Acesso em: 13 set. 2014.

FERES, G. G.; BELLUZZO, R. C. B. Competência em informação: um diferencial da qualidade em publicações científicas.

Revista Brasileira de Biblioteconomia e Documentação, Nova Série, São Paulo, v. 5, n. 1-2, p. 70-83, jan./dez. 2009.

FERNÁNDEZ CUESTA, Paz Fernández. Formación en biblioteconomía y documentación: El nueno título de grado en Información y Documentación. In: _____. **Bibliotecas y personas**: hacia un nuevo enfoque en biblioteconomía. Gijón: Trea, 2005. (Biblioteconomía y Administración Cultural, 129).

FERRER, Antonia. Información en la empresa para innovar y compartir. **El Profesional de la Información**, v. 17, n. 5, p. 481-486, set./out. 2008. Disponível em: <http://www.elprofesionaldelainformacion.com/contenidos/2008/septiembre/01.html>. Acesso em: 15 set. 2014.

FREITAS, Maria Estér de. Cultura organizacional grandes temas em debate. **Revista de Administração de Empresas**, São Paulo, v. 31, n. 3, p. 73-82, jul./set. 1991.

GARAY, Angela. Cultura organizacional. In: CATTANI, Antonio David (org.). **Trabalho e tecnologia** – dicionário crítico. 3. ed. Petrópolis: Vozes; Editora da UFRGS, 2000. p. 48-50.

GARCÍA ALSINA, Montserrat; ORTOLL ESPINET, Eva. **La inteligencia competitiva**: evolución histórica y fundamentos teóricos. Asturias: Trea, 2012. (Biblioteconomia y Administración Cultural).

GARCÍA-MARCO, Francisco Javier. Psicología y sociología de la información: una necesidad práctica y teórica. **El Profisional de la Información**, v. 20, n. 1, p. 5-9, jan./fev. 2011. Disponível em: <http://www.elprofesionaldelainformacion.com/contenidos/2011/enero/01.html>. Acesso em: 22 set. 2014.

GARCÍA, Regis; FADEL, Barbara. Interferencias en los flujos informacionales (IFIs): rescate y preservación de la organizacional. **Ibersid**, v. 4, p. 211-218, 2010. Disponível em: <http://ibersid.eu/ojs/index.php/ibersid/article/view/3852>. Acesso em: 10 jan. 2015.

GENDINA, N. The concept of a person's information culture: view from Russia. 2009.

GIL, A. C. **Métodos e técnicas de pesquisa social**. 4. ed. São Paulo: Atlas, 1994.

GINMAN, M. Information culture and business performance. **IATUL Quarterly**, Helsinki, v. 2, n. 2, p. 93-106, 1987.

GOITIA, Sabin; SÁENZ DE LACUESTA, Sonia; BILBAO, Maitane. Implantación de sistemas de información empresarial. **El Professional de la Información**, v. 17, n. 5, p. 540-545, set./out. 2008. Disponível em: <http://www.elprofesionaldelainformacion.com/contenidos/2008/septiembre/08.pdf>. Acesso em: 22 set. 2014.

GÓMEZ HERNÁNDEZ, José A. Alfabetización informacional: cuestiones básicas. **AnuarioThinkEPI**, p. 43-50, 2007.

_____. Las metáforas sobre el mundo de la información y los bibliotecarios. **El Profesional de la Información**, v. 17, n. 3, p. 340-343, maio/jun. 2008. Disponível em: <http://www.elprofesionaldelainformacion.com/contenidos/2008/mayo/11.pdf>. Acesso em: 13 out. 2014.

_____. Aprender a enseñar competencias informacionales a los usuarios: avances en la formación profesional em España. **Anuario ThinkEPI**, v. 3, p. 106-113, 2009. Disponível em: <http://www.thinkepi.net/aprender-a-ensenar-competencias-informacionales-a-los-usuarios-avances-en-la-formacion-profesional-en-espana>. Acesso em: 13 out. 2014.

GONZÁLEZ GÁLVEZ, Pilar; REY MARTÍN, Carina; CAVALLER REYES, Víctor. Redes sociales para la inteligencia competitiva propuesta de un índice sintético. **El Profesional de la Información**, v. 20, n. 5, p. 527-532, set./out. 2011. Disponível em: <http://www.elprofesionaldelainformacion.com/contenidos/2011/septiembre/06.pdf>. Acesso em: 13 out. 2014.

GONZÁLEZ TERUEL, Aurora. **Los estudios de necesidades y usos de la información**: fundamentos y perspectivas actuales. Gijón: Trea, 2005.

GONZÁLEZ TERUEL, Aurora; ANDREU-RAMOS, Carolina. Investigación del comportamiento informacional a través del análisis de redes sociales. **El Profisional de la Información**, v. 22, n. 6, p. 522-528, nov./dez. 2013. Disponível em: <http://eprints.rclis.org/20686/1/Gonza%CC%81lez-Teruel_Andreu-Ramos_2013.pdf>. Acesso em: 13 out. 2014.

GUTIÉRREZ, M. Pérez-Montoro. O conhecimento e sua gestão em organizações. In: TARAPANOFF, K. (org.). **Inteligência, informação e conhecimento em corporações**. Brasília: IBICT; Unesco, 2006. 453 p. p. 117-138

GUZMÁN, Majela. Ciencia de la información: interdisciplinariedad y cambio de paradigma. **Ciências de la Información**, v. 36, n. 1, p. 3-11, abr. 2005. Disponível em: <http://www.redalyc.org/articulo.oa?id=181417872001>. Acesso em: 10 maio 2015.

HITT, Michael A.; MILLER, C. Chet; COLELLA, Adrienne. **Comportamento organizacional**: uma abordagem estratégica. Rio de Janeiro: LTC, 2007.

HOFSTEDE, G. **Cultura e organizações**: como compreender a nossa programação mental. Lisboa: Sílabo, 2003.

INE (Instituto Nacional de Estadística). **Notas de Prensa**, 2010. Disponível em: <http://www.ine.es/prensa/np890.pdf>. Acesso em: 20 jan. 2015.

_____. **Panorámica de la industria**. Madrid, n. 623, 2010. Disponível em: <http://www.ine.es/ss/Satellite?L=0&c=INEPublicacion_C&cid=1259925129176&p=1254735110672&pagename=ProductosYServicios%2FPYSLayout&param1=PYSDetalleGratuitas>. Acesso em: 20 jan. 2015.

ITURRIOZ, Cristina. Recursos informativos en las redes. eSustepen: una nueva iniciativa sobre los servicios de información para las pymes. **El Profesional de la Información**, v. 10, n. 9, p. 20-22, set. 2001.

JOHNSON, Allan G. **Dicionário de Sociologia**: guia prática da linguagem sociológica. Rio de Janeiro: Jorge Zahar, 1997. 300 p.

KJOLSETH, Bjorn Borg. Los mercados electrónicos em la industria electrónica. **Informe de Market Services España**, 2005. Disponível em: http://www.emarketservices.es/icex/cma/contentTypes/common/records/mostrarDocumento/?doc=390760. Acesso em: 25 de jan. 2015.

KLINK, Jeroen Johannes. **Governanças, escalas e o território metropolitano**. Novas dinâmicas informacionais, comunicacionais e de inovação. Relatório (Atividades de Pós-doutorado). Instituto Brasileiro de Informação em Ciência e Tecnologia – IBICT. Rio de Janeiro, 2012.

LE DEUFF, O. **La cultura de l'information em reformation**. 2009. 532f. Tese (Doutorado em Ciências da Informação e Comunicação) – Programa de Pós-Graduação em Ciências da Informação e da Comunicação, Universite de Rennes 2.

LINARES COLUMBIÉ, Radamés. La ciencia de la información em su etapa fundacional. **Ciencias de la Información**, v. 35, n. 1, abr. 2004. Disponível em: <http://eprints.rclis.org/15106/1/Ciencia_de_la_Informacion_en_etapa_fundacional.pdf>. Acesso em: 10 maio 2015.

LLONA, Eduardo; et al. Mesa redonda sobre gestión del conocimiento. **El Profesional de la Información**, mar. 1999. Disponível em: <http://www.elprofesionaldelainformacion.com/contenidos/1999/marzo/mesa_redonda_sobre_gestion_del_conocimiento.html>. Acesso em: 14 nov. 2014.

MARTELETO, Regina Maria. Cultura informacional: construindo o objeto informação pelo emprego dos conceitos de imaginário, instituição e campo social. **Ciência da Informação**, v. 24, n. 1, p. 1-8, 1995.

_____. Conhecimento e sociedade da informação. In: AQUINO, M. A. (org.). **O campo da ciência da informação**: gênese, conexão e especificidades. João Pessoa: Universitária/UFPB, 2002. p. 101-115.

MARTÍN MEJÍAS, Pedro. De la auditoría de información a intranet: celaves para la implantación de sistemas de gestión de información en las empresas. In: **VI Jornadas Españolas de Documentación** – Fesabid, 1998.

_____. Gestión de la información y del conocimiento em las organizaciones. In: LÓPEZ YEPES, José (coord.). **Manual de ciências de la documentación**. Madrid: Pirámide, 2006. p. 693-719.

MARTÍNEZ-CERDÁ, Juan Francisco; TORRENT-SELLENS, Joan. Alfabetización mediática y co-innovavión en la microempresa: primeras evidencias para España. **El Profesional de la Información**, v. 23, n. 3, p. 288-299, maio/jun. 2014.

MARTÍNEZ LÓPEZ, Francisco; et al. Estudio longitudinal de las formas de intercambio de información en las empresas españolas. **El Profesional de la Información**, v. 22, n. 4, p. 298-303, 2013.

MARTÍNEZ RODRIGUES, Ailin; SOLIS CABRERA, Francisco Manuel. Investigación en el campo de la información en Cuba. Necesidad de su redimensionamiento. **Anales de Documentación**, v. 16, n. 2, 2013. Disponível em: <http://www.redalyc.org/pdf/635/63528894001.pdf>. Acesso em: 3 dez. 2014.

MARTINEZ RUIZ, Enrique; MAQUEDA, Consuelo; DIEGO, Emílio de. **Atlas histórico de España II**. Madrid: Istmo S.A., 1999. (Colección Fundamentos, n. 156).

MARZAL, Miguel Ángel; PARRA VALERO, Pablo. Bibliotecas integradas: alfabetización en información como estímulo de cooperación. **El Profesional de la Información**, v. 19, n. 5, p. 463-468, set./out. 2010. Disponível em: <http://www.elprofesionaldelainformacion.com/contenidos/2010/septiembre/03.pdf>. Acesso em: 3 dez. 2014.

MENOU, Michael J. La alfabetización informacional dentro de las políticas nacionales sobre tecnologías de la información y comunicación (TICs): la cultura de la información, una dimensión ausente. **Anales de Documentación**, n. 7, p. 241-261, 2004.

MINICUCCI, A. **Psicologia aplicada à administração**. 5. ed. São Paulo: Atlas, 1995. 361 p.

MIRANDA, Roberto Campos da Rocha. Gestão do conhecimento estratégico: proposta de modelo. In: TARAPANOFF, Kira (org.). **Inteligência, informação e conhecimento em corporações**. Brasília: IBICT; Unesco, 2006. p. 157-180.

MORAES, C. R. B.; ABREU, A.; WOIDA, L. M. Innovation management through knowledge and organizational socialization. **Informação e Informação** (UEL. On-line), v. 17, p. 103-132, 2012.

_____. O processo de socialização organizacional: a inserção de usuários no contexto de acesso à informação para a competitividade. In: Centro de Estudos das Tecnologias e Ciências da Comunicação (org.). Globalização, ciência, informação: atas. VI ENCONTRO IBÉRICO EDICIC 2013. Porto: Faculdade de Letras da Universidade do Porto – Cetac. Media, 2013, p. 1394-1411.

_____. Gestão do conhecimento como apoio à melhoria contínua: um estudo de caso em uma empresa de telecomunicações. **Informação e Informação** (UEL. On-line), v. 19, p. 112, 2014.

MORAES, C. R. B.; FADEL, Bárbara. Perspectivas metodológicas para o estudo da gestão da informação em ambientes informacionais das organizações. **Ibersid**, p. 33-41, 2008.

MORAES, C. R. B.; et al. Conhecimento e socialização organizacional: processo sociocultural para a inovação na indústria de eletroeletrônicos de Garça/SP. **Ibersid**, v. 8, p. 91-95, 2014.

MORAES, Leonardo Barbosa de. **Cultura informacional**: proposta de integração conceitual e modelo com foco organizacional. 2013. 199f. Tese (Doutorado em Ciência da Informação) – Escola de Ciência da Informação, Universidade Federal de Minas Gerais.

MORAES, Leonardo Barbosa de; BARBOSA, Ricardo Rodrigues. Cultura Informacional: um estudo em uma empresa de grande porte. **Tendências da pesquisa brasileira em ciência da informação**, n. 7, n. 2, p. 122-139, 2014.

MUÑOZ CAÑAVATE, Antonio. La información para la empresa y el sistema de i+d+i. El caso de la región valenciana. **Revista General de Información y Documentación**, v. 19, p. 121-144, 2009. Disponível em: <http://revistas.ucm.es/index.php/RGID/article/view/RGID0909110121A>. Acesso em: 25 set. 2014.

NUÑEZ PAULA, Israel A. Por qué requerimos una metodología para el estudio de las necesidades de formación e información en las organizaciones y comunidades. **Revista General de Información y Documentación**, v. 11, n. 1, p. 83-108, 2001. Disponível em: <http://dialnet.unirioja.es/servlet/articulo?codigo=170100>. Acesso em: 3 set. 2014.

OBSERVATORIO Industrial del Sector de Electrónica, Tecnologías de la Información y Telecomunicaciones. **Estudio sobre la situación actual y evolución previsible de la in-**

dústria de la electrónica em España: hacia la reindustrialización del sector. Nov. 2009. Disponível em: <http://www. minetur.gob.es/industria/observatorios/SectorElectronica/Actividades/2009/Asociaci%C3%B3n%20de%20Empresas%20 de%20Electr%C3%B3nica,%20Tecnolog%C3%ADas%20 de%20la%20Informaci%C3%B3n%20y%20Telecomunicaciones%20de%20Espa%C3%B1a/Hacia_la%20reindustrializacion_del_sector_parte_1_de_2.pdf> e <http://www. minetur.gob.es/industria/observatorios/SectorElectronica/Actividades/2009/Asociaci%C3%B3n%20de%20Empresas%20 de%20Electr%C3%B3nica,%20Tecnolog%C3%ADas%20 de%20la%20Informaci%C3%B3n%20y%20Telecomunicaciones%20de%20Espa%C3%B1a/Hacia_la%20reindustrializacion_del_sector_parte_2_de_2.pdf>. Acesso em: 10 dez. 2014.

OLIVEIRA, D. de P. R. de. Estrutura organizacional. In: _____. **Sistemas, organizações e métodos**: uma abordagem gerencial. 12. ed. São Paulo: Atlas, 2001. p. 79-112 (Capítulo 3).

OLIVEIRA, Luciel Henrique de. **Exemplo de cálculo de Ranking Médio para Likert**. Notas de Aula. Metodologia Científica e Técnicas de Pesquisa em Administração. Mestrado em Administraçãoa e Desenvolvimento Organizacional. PPGA CNEC/Faceca: Varginha, 2005.

OLIVEIRA, Tania Chalhub de. **Acesso aberto à informação científica no Brasil**: um estudo das universidades públicas do Estado do Rio de Janeiro. Relatório (Atividades de Pós-doutorado). Ministério de Ciência e Tecnologia – MCT/Instituto Brasileiro de Informação em Ciência e Tecnologia – IBICT. Rio de Janeiro, jun. 2010 a dez. 2011.

OLIVER, Gillian. Information culture: exploration of differing values and attitudes to information in organizations. **Journal of Documentation**, v. 64, n. 3, p. 363-385, 2008.

ORTEGA, Cristina Dotta. **Da mediação em Ciência da Informação**. 2015. (Relatório final de atividades de pesquisa de Pós-doutorado) – Universidade Federal Fluminense. Programa de Pós-Graduação em Ciência da Informação. Instituto Brasileiro de Informação em Ciência e Tecnologia – IBICT, Niterói.

ORTOLL ESPINET, Eva. Competencias profesionales y uso de la información en el lugar de trabajo. **El Profesional de la Información**, v. 13, n. 5, set./out. 2004. Disponível em: <http://www.elprofesionaldelainformacion.com/contenidos/2004/septiembre/2.pdf>. Acesso em: 13 out. 2014.

PICHS FERNANDEZ, Aleimys; PONJUÁN DANTE, Glória. La cultura informacional y su delimitación: el caso de los contextos académicos. **Ciências de la Información**, La Habana, v. 45, n. 2, p. 25-31, maio/ago. 2014.

PINTO, María; URIBE TIRADO, Alejandro. Las bibliotecas públicas híbridas en el marco de la alfabetización informacional. **Revista Española de Documentación Científica**, n. monográfico, p. 136-168, 2012. Disponível em: http://redc.revistas.csic.es/index.php/redc/article/view/747. Acesso em: 12 set. 2014.

PINTO PRIETO, Laura Patrícia; BECERRA ARDILA, Luis Eduardo; GÓMEZ FLÓREZ, Luis Carlos. Carencias en los sistemas de gestión del conocimiento: una revisión bibliográfica. **El Profisional de la Información**, v. 21, n. 3, p. 268-276, maio/jun. 2012.

PONJUÁN DANTE, Glória. **De la alfabetización a la cultura informacional**: rol del profesional de la información. Ponencia presentada al Congreso Internacional de Información – INFO2002, La Habana, 2002. Disponível em: < http://bvs.sld.cu/revistas/mciego/alfin_2012/alfin_folder/2012%20Unidad%208/Bibliograf%EDa/Lect%20B%E1sicas/De_la_alfabetizacion_a_la_cultura_informacional.pdf >. Acesso em: 19 fev. 2015.

_____. **Gestión de información**: dimensiones e implementación para el éxito organizacional. España: Trea, 2007.

POSTIGO, Jorge. La inteligencia competitiva em España: una encuesta sobre su utilización por parte de las empresas exportadoras. **El Profesional de la Información**, v. 10, n. 10, out. 2001. Disponível em: <http://www.elprofesionaldelainformacion.com/contenidos/2001/octubre/1.pdf>. Acesso em: 15 set. 2014.

PRESENTACIONES Sectoriales. **Sector electrónica y TIC**. 2014. Disponível em: <http://www.minetur.gob.es/es-ES/IndicadoresyEstadisticas/Presentaciones%20sectoriales/Electronica%20y%20TIC.pdf>. Acesso em: 10 dez. 2014.

PUYAL ESPAÑOL, Esther. Falácia sobre equipos de trabajo: cinco mitos que pueden amenazar su desempeño. **Proyecto Social: Revista de Relaciones Laborales**, n. 9, p. 185-200, 2001.

QUEYRAS, Joachim; QUONYAM, Luc. Inteligência competitiva. In: TARAPANOFF, Kira (org.). **Inteligência, informação e conhecimento em corporações**. Brasília: IBICT; Unesco, 2006. p. 73-97.

RABELLO, Rodrigo. **Usuário, informação e ciência e tecnologia**: aspectos comunicativos e institucionais em um modelo sociotécnico emergente. Relatório (Atividades de Pós-doutorado) – Instituto Brasileiro de Informação em Ciência e Tecnologia – IBICT. Rio de Janeiro, 2010-2012.

RAMO GONZÁLEZ, José Refúgio; et al. Medición de la cibercultura estudantil, confiabilidad y validez de una escala aplicada: caso de la Universidad Autónoma de Chihuahua. **Anales de Documentación**, v. 17, n. 1, 2014. Disponível em: <http://dx.doi.org/10.6018/analesdoc.17.1.173011>.

ROBBINS, S. P. **Comportamento organizacional**. 11. ed. São Paulo: Pearson Prentice Hall, 2007.

RODRIGUES ROVIRA, Josep M. Una actuación profesional, un rol social: gestores del metaconocimiento. **El Profesional de la Información**, v. 10, n. 12, dez. 2001. Disponível em: <http://www.elprofesionaldelainformacion.com/contenidos/2001/diciembre/7.pdf>. Acesso em: 13 set. 2014.

ROS GARCÍA, Juan; FERNÁNDEZ GARCÍA, Manuel; AGUILAR NOGUERAS, Socorro. Gestión de la información y documentación en las organizaciones: una aportación bibliográfica. **Revista General de Información y Documentación**, Madrid, v. 2, n. 1, p. 33-69, 1992. Disponível em: <http://dialnet.unirioja.es/servlet/articulo?codigo=902764>. Acesso em: 26 nov. 2014.

RUEDA MARTÍNEZ, María Isabel. El profesional de la información y la gestión del conocimiento. In: _____. **La gestión del conocimiento y la ciencia de la información**: relaciones disciplinares y profesionales. 2014. 541f. Tese (Doutorado em Ciências da Informação) – Departamento de Biblioteconomía y Documentación, Universidad Carlos III de Madrid, Getafe.

SANZ MARTOS, Sandra; REIG HERNÁNDEZ, Dolors. El aprendizaje social y los profesionales de la información. **El Profesional de la Información**, v. 22, n. 6, p. 545-553, 2013.

SCHEIN, E. E. **Organizational culture and leadership**. 3. ed. São Francisco: Jossey-Bass, 2004.

SERRANO GONZÁLEZ, Susana; ZAPATA LLUCH, Mònica. Auditoria de la información, punto de partida de la gestión del conocimiento. **El Profesional de la Información**, v. 12, n. 4, jul./ago. 2003. Disponível em: <http://www.elprofesionaldelainformacion.com/contenidos/2003/julio/5.pdf>. Acesso em: 15 set. 2015.

SERRES, Alexandre. La culture informationnelle. **Problématiques émergentes dans les sciences de l'information** (sous la direction de Frabrice Papy), Lavoisier, p. 137-160, 2008. Acesso em: 2 nov. 2010. Disponível em: <http://archivesic.ccsd.cnrs.fr/sic_00267115>.

SILVA, Josélia Oliveira; DUARTE, Emeide Nóbrega. A cultura informacional como elemento (des) favorável à mudança estrutural do sistema de bibliotecas da UFPB. In: **XI Encontro Nacional de Pesquisa em Ciência da Informação** – inovação e inclusão social: questões contemporâneas da informação, Rio de Janeiro, 2010. (GT 4 – Gestão da Informação e do Conhecimento nas Organizações).

SILVA, Reinaldo O. **Teorias da Administração**. São Paulo: Pioneira Thomson Learning, 2005.

SOARES TORQUATO, M. J. **La culture informationnelle des PME bresiliennes**: étude dans la region du grand São Paulo et proposition pour son developpement. 2007. 422f. Tese (Doutorado) – Programa de Pós-Graduação em Ciências da Informação e da Documentação, Universidade de Paris VIII, Paris.

SOUZA, Alfredo A. C. M. de. Barreiras culturais à transferência de informação: formulação preliminar do problema. **Ciência da Informação**, Brasília, v. 12, n. 1, p. 75-82, 1983.

SOUZA, E. D. de; DIAS, E. J. W.; NASSIF, M. E. A gestão da informação e do conhecimento na ciência da informação: perspectivas teóricas e práticas organizacionais. **Informação e Sociedade**: Estudos, João Pessoa, v. 21, n. 1, p. 55-70, jan./abr. 2001.

SOY I AUMATELL, Cristina. La auditoria de la información, componente clave de la gestión estratégica de la información. **El Profesional de la Información**, v. 12, n. 4, jul./ago. 2003. Disponível em: <http://www.elprofesionaldelainformacion.com/contenidos/2003/julio/2.pdf>. Acesso em: 3 dez. 2014.

TAPIAL ARREGUI, Joaquim García. La gestión del conocimiento es ya una realidad para la empresa española. **El Profesional de la Información**, v. 12, n. 3, maio/jun. 2003. Disponível em: <http://www.elprofesionaldelainformacion.com/contenidos/2003/mayo/5.pdf>. Acesso em: 13 set. 2014.

TARAPANOFF, Kira. Informação, conhecimento e inteligência em corporações: relações e complementaridade. In: _____. (org.). **Inteligência, informação e conhecimento em corporações**. Brasília: IBICT; Unesco, 2006. p. 19-35.

TEJADA ARTIGAS, Carlos. El profesional de la información en el siglo XI. Cambio y permanencia: los nuevos perfiles profesionales. **Educación y Biblioteconomia**, n. 137, p.103-109, 2003.

TENA MILLÁN, Joaquim; COMAI, Alessandro. Los propósitocs de la inteligencia en la empresa competidora, cooperativa, neutral e individual. **El Profesional de la Información**, v. 10, n. 5, maio 2001. Disponível em: <http://www.elprofesionaldelainformacion.com/contenidos/2001/mayo/1.pdf>. Acesso em: 22 set. 2014.

_____. (orgs.). **Inteligencia competitiva y vigilancia tecnológica**: experiencias de implantación en España y Latinoamérica. Barcelona: Emecom; Puzzle, 2006.

TRAMULLAS, Jesús; SÁNCHEZ CASABÓN, Ana I.; GARRIDO-PICAZO, Piedad. Gestión de información personal con software para mapas conceptuales. **El Profesional de la Información**, v. 18, n. 6, nov./dez. 2009. Disponível em: <http://www.elprofesionaldelainformacion.com/contenidos/2009/noviembre/03.pdf>. Acesso em: 14 nov. 2014.

URBINA CRIADO, Marta Ortiz de. Medición y auditoría del capital intelectual. **El Profesional de la Información**, v. 12, n. 4, jul./ago. 2003. Disponível em: <http://www.elprofesionaldelainformacion.com/contenidos/2003/julio/4.pdf>. Acesso em: 11 nov. 2014.

VALENTIM, Marta Líga Pomim. Ambientes y flujos de información en contextos empresariales. **Ibersid**, v. 3, p. 55-60, 2009.

Disponível em: <http://ibersid.eu/ojs/index.php/ibersid/article/view/3722>. Acesso em: 10 dez. 2014.

_____. Ambientes e fluxos de informação em contextos empresariais: o caso do setor cárnico de Salamanca/Espanha. **BJIS**, Marília, v. 7, n. especial, p. 299-323, 1. sem. 2013. Disponível em: <http://www2.marilia.unesp.br/revistas/index.php/bjis/article/view/3130/2480>. Acesso em: 3 maio de 2014.

VASCONCELOS CARVALHO, Andréa. **Auditoría de inteligencia**. Gijón: Trea, 2012. (Biblioteconomia y Administração, n. 242).

VÁSQUEZ RIZO, Fredy Eduardo; GABALÁN COELLO, Jesús. Implementación de un modelo de administración de capital humano en un grupo de investigación. **El Profesional de la Información**, v. 20, n. 5, set./out. 2011. Disponível em: <http://www.elprofesionaldelainformacion.com/contenidos/2011/septiembre/05.pdf>. Acesso em: 21 set. 2014.

WANG, M. Y. The impact of information culture on managing knowledge: a double case study of pharmaceutical manufactures in Taiwan. **Library Review**, Bradford, v. 55, n. 3, p. 209-221, 2006.

WEICK, Karl E. **A psicologia social da organização**. São Paulo: Edgar Blücher; Ed. Universidade de São Paulo, 1973. (Tópicos de Psicologia social).

WIDEN-WULFF, G. Business information culture: a qualitative study of the information culture in the Finnish insurance industry. **Information Research**: an International Electronic Journal, v. 5, n. 3, p. 1-12, 2000. Disponível em: <http://informationr.net/ir/5-3/paper77.html>. Acesso em: dez. 2011.

WILSON, T. D. Models in information behaviour research. **Journal of Documentation**, v. 55, n. 3, p. 249-270, 1999.

_____. Human information behavior. **Information Science Research** (Special Issue), v. 3, n. 2, p. 49-55, 2000.

_____. A problemática da gestão do conhecimento. In: TARAFANOFF, Kira (Org.). **Inteligência, informação e conhecimento em corporações**. Brasília: IBICT, UNESCO, 2006. (p.37-55)

WOIDA, Luana Maia. **Cultura informacional voltada à inteligência competitiva no setor de calçados de São Paulo**: estudo sobre a relação entre as pessoas, a informação e as tecnologias de informação e comunicação. 2008. 263f. Dissertação (Mestrado) – Programa de Pós-Graduação em Ciência da Informação, área de concentração Informação, Tecnologia e Conhecimento, Faculdade de Filosofia e Ciências, Universidade Estadual Paulista, Marília. Trabalho financiado pela Fapesp.

_____. **A análise dos elementos da cultura informacional para a construção de diretrizes no contexto da inteligência competitiva**. 2013. 220f. Tese (Doutorado) – Faculdade de Filosofia e Ciências, Universidade Estadual Paulista, Marília.

WOIDA, Luana Maia; OLIVEIRA, Ely Francina Tannuri; VALENTIM, Marta Lígia Pomim. Um estudo de coautorias na temática cultura informacional nos Enancibs. ENCONTRO NACIONAL DE PESQUISA EM CIÊNCIA DA INFORMAÇÃO, 11, 2010. **Anais...** Disponível em: <http://enancib.ibict.br/index.php/enancib/xienancib/paper/viewFile/3535/2660>. Acesso em: 20 fev. 2013.

Título	A cultura informacional na documentação
Autor	Luana Maia Woida
Assistência Editorial	Érica Cintra
Capa e Projeto Gráfico	Bruno Balota
Assistência Gráfica	Wendel de Almeida
Preparação e Revisão	Renata Moreno
Formato	14 x 21 cm
Número de Páginas	232
Tipografia	Adobe Garamond Pro
Papel	Alta Alvura Alcalino 75g/m^2
1ª Edição	Setembro de 2016

Caro Leitor,

Esperamos que esta obra tenha correspondido às suas expectativas.

Compartilhe conosco suas dúvidas e sugestões escrevendo para:

atendimento@editorialpaco.com.br

Compre outros títulos em

www.pacolivros.com.br

PACO ρ EDITORIAL

Av. Carlos Salles Block, 658
Ed. Altos do Anhangabaú – 2° Andar, Sala 21
Anhangabaú - Jundiaí-SP - 13208-100
11 4521-6315 | 2449-0740
contato@editorialpaco.com.br